人間関係の9割は逃げていい。

井口晃

Iguchi Akira

すばる舎

はじめに

「もし今日が人生最後の日だとしたら、誰と時間を過ごしたいですか？」

いきなりですが、あなたは人生最後の日に誰と過ごしたいですか？

普段大切にしているパートナー、もしくは親や兄弟などの家族、学生時代の友だち、仕事仲間、独身の方であれば恋人、一緒に趣味を楽しむ仲間……。

おそらく人生最後の日に、今まで関わったすべての人に会いたいという人は、そんなに多くないのではないでしょうか？


私たちは、小さい頃からさまざまな人と関わって、日々を過ごしています。

人は、一人では生きていけません。

「誰からも嫌われたくない」

「一人ぼっちになりたくない」

このような思いが、成長していく過程でどんどん強くなっていき、学校生活では、仲間外れにならないように周りに合わせて過ごし、それが社会人になっても続いている人が多いように感じます。

周りを意識しすぎて、今の人間関係に悩んでいる人は本当に多いです。

でも、もう大丈夫!

つらくて一人で悩むくらいなら、その環境から逃げればいいのです。

そして、あなたを純粋に受け入れてくれる人に時間を多くかければいいのです。

人間関係に悩む必要は何もありません。

人間関係＝人生

実は、私の人生はずっと、人間関係の失敗と苦労の繰り返しでした。

中学校・高校ではクラスメイトからいじめられたり、のけものにされたりしたため、そのたびに転校を繰り返し、６年間で5回も転校するハメになりました。

また、大学でアメリカに留学したときには、違う文化からなかなか馴染めず、いつもひとりぼっちでした。

留学後に帰国して、社会人になったときも、なかなか同じ価値観が合う仲間ができず、孤独でした。

起業して、ようやく軌道に乗りかけた会社では、ビジネスパートナーに数百万円の横領被害にあったり、信頼していた友人からも裏切られ、投資詐欺で多額のお金を失ったりしたこともあります。

私は自分自身のことを特別能力の高い人間とは思っていないですし、学歴もそこまで高いわけではなく、実家もサラリーマン&主婦の平凡な家庭で育ちました。

「人間関係で自分はうまくいかない……」「人を信用しても結局裏切られるだけだし……」と思ったことも、2度や3度ではありません。

でもそのたびに、

「ずっと自分に合わない人間関係で悩まされるくらいなら、思い切って自分の可能性を発揮できる人や信頼してくれる人との関係を新しくつくろう」

「多くの知り合いより、本当に信頼できる友人とつき合おう」

と、半ば開き直って、セカンドチャンスを掴む思いで、再起を図ってきました。

どんなに人に裏切られても、ピンチに陥っても、自分の実力のなさを思い知らされても、そのたびに新しい人間関係をつくって、諦めずにやってきました。

そう、**人間関係は何度でも新しくつくることができるし、うまくいかなくなっても、また時間が経てばやり直すことも可能なのです。**

人間関係の9割は逃げていい

今、あなたのスマートフォンには、何十人、何百人、なかには何千人の連絡先が入っているでしょう。

その中で、あなたも相手もお互い本音で話せて、一緒にいると元気になれる、前向きになれる、尊敬できる人は、どのくらいの人数になりますか？

おそらく、一桁あるいは多くて20人程度ではないでしょうか。

厳しい言い方をすれば、人間関係の9割は、実際にはあなたにとって大切な人ではないのです。

でも、ほとんどの人は、大切な人たちと同じような対応を、それ以外の人たちにもしてしまっています。

メールやＬＩＮＥのメッセージが来ればすぐに返す、ＳＮＳ上で投稿を見つければ、すぐ「いいね」を付ける、お誘いを受けたら必ず行く、など。

そのようなことを、連絡先を知っている人全員に同じようにしていては、疲れてしまうのは当たり前です。

だからこそ、あなたにとって大切な人以外からは逃げる。つまり、適度な距離をとってほしいのです。

あなた自身が大切な人、そうではない人の境界線をしっかりと分けて、大切な人にあなたのエネルギーを集中して使ってください。

理想の人間関係はあなたが手に入れる

小学校から高校までは、多くの人が〝クラス〟という自分自身には選択肢のない集団に属していました。その決められた人間関係の中で、ほとんどの人は嫌われないように過ごしてきたと思います。

しかし、大人になった今（学生でも）、人間関係は自分で決めていいのです。

会社員として働いていたら、自分では決められないと思うかもしれませんが、そうではありません。嫌なら逃げてもいいのです。

そういう意味では、学校生活・会社生活がつらいのなら、逃げていいと私は考えています。

今の時代は多様化社会になっています。学歴なども関係なく、活躍できる人が自由に活躍できる社会です。転校したから、夜間学校だから、転職しまくっているからなど、過去は関係ありません。

もし、あなたの過去の学歴や職歴だけを重視する会社があるなら、その会社からも逃げていいのです。フリーランスになってもいいですし、それこそあなたの趣味を生かしたビジネスや副業で稼げばいいのです。

むしろ、我慢して、自分の気持ちを押し殺して、周りに合わせている状況のほう

後の人間関係に悩む前に、今の自分を一番大切にしてあげてください。

が問題です。

「逃げて一人になってしまったらどうしよう……」と、

長い人生の中でどんな人間関係のトラブルが起ころうとも、私やあなたを含め、すべての人に人生最後の日はやってきます。

その人生最後の日に、一緒の時間を過ごしたいと思える人、その人達と一緒に人生の中で思い出をつくること、これが人生で最も大切なことのひとつです。

私たちが人生で悩むことの大半は人間関係ですが、同時に、愛情や喜びをもたらしてくれるのも人間関係であることは確かです。


人は「人間関係」を変えるだけで、人生の9割が変わります。

あなたの人生はあなた自身が決めていいんです。

第1章

人間関係の9割は逃げていい

第2章
人間関係から逃げるメリット

第3章

人間関係からはこうやって逃げなさい

第4章

こんな人からは今すぐ逃げなさい

第5章

1割の人間関係を大事にする

装丁……井上新八
本文デザイン……鈴木大輔・江﨑輝海（ソウルデザイン）
DTP……野中賢（システムタンク）
校正……ぷれす
制作協力……森田剛

第1章

人間関係の9割は逃げていい

01 なぜ、面倒な人間関係からは逃げたほうがいいのか？

多くの人が人間関係で悩んでいる

「もっと自分の好きなように生きたい」
「経済的な自由を手にしたい」
「より多くの時間を自由に使いたい」
「新しい環境に身を置きたい」

多くの人が、そんな思いを持っていることでしょう。
しかし、満足のいく人生を送れる人はほんのひと握り。

親、家族、恋人、仕事の関係者、友人、知人、親戚などとのしがらみにとらわれ、なかなか動き出せず、一歩踏み出せない人が多いのではないでしょうか？

現在つながっている人たちは、良い意味でも悪い意味でも、あなたの人生、未来に強い制限をかけます。あなたが成長しようとしたとき、変化しようとしたとき、あなたの思考と行動を躊躇させてしまうのです。

もちろん、「自分は自分だから、他人からどう思われようが関係ない」という人もなかにはいるでしょうが、実際はどうでしょうか？

会社員を対象にしたあるリサーチで、「自分がどう思われているか気になりますか？」と質問したところ、なんと、「気になる」と回答したのが32％、「やや気になる」が50％、「気にならない」が18％でした。

つまり80％以上の人が、他人の目を気にしていることが判明しました。

また、職場を離れる理由の1位が、「職場の人間関係が悪い」というアンケート結果もあります。

つまり、「人間関係は人生や職場において、ものすごく大事」と多くの人が考えているのです。それが悪い方向に転がった場合、人々のモチベーションを低下させ、ストレスが溜まる原因になります。

結果として、その人の能力の低下をもたらし、行動力を下げるのです。

最近では、SNSでのつながりも生まれてきているので、人間関係は昔のように単純ではなく、より複雑になってきました。

SNS上の人間関係で悩んでしまい、鬱になってしまったり、ひどい場合は自殺してしまったりする人もいます。

多くの人が人間関係のことで悩み、能力を発揮できない状況にあります。

自分が考えたこと、やりたいことを実現する能力があったとしても、なかなか達成できない状況にあるのです。本当にもったいないことです。

出会った人全員に好かれる必要はない

現在の人間関係を保ちたい、関係を悪化させたくない、と思うのは当然です。「同僚、友達などとの人間関係が壊れてしまったらどうしよう」と恐怖心を抱いてしまう人も多くいることでしょう。

でも、安心してください。そんなことは気にしなくても問題ありません。

人間関係が壊れてしまったら、新しい仲間を探せばいいだけの話だからです。

むしろ、つながる人が変わっていくと、あなたの前にリラックスした本当の自分のままでつき合える新しい仲間が自然に現れます。

少し極端だと思うかもしれませんが、出会った人全員に好かれたり、誰にも嫌われなかったりするのは無理なことですし、現実的ではありません。

そもそも、八方美人では誰からも信頼されませんし、良い人間関係など築けません。つながりも浅いものになってしまいます。

「すべての人と良い人間関係をつくることは無理」だと、まず受け入れることが大切です。

どんな人にも、必ずアンチがいます。批判的な人は必ずいるのです。さらに言えば、あなたが自己実現に向かえば向かうほど、アンチは出てくるものです。

趣味嗜好《しこう》は多様化していますし、誰にでも好き嫌いがありますから、全員から好かれる必要はないのだと、まずは肝に銘じてください。

うまく逃げるコツ
01

「全員から好かれる必要はない」ということを受け入れる

02
人生を変えたいなら、人間関係を変えなさい

今の人間関係がすべてじゃない

私たちは学校教育において、〝クラス〟という特殊な環境の中で育ってきました。一度嫌われると1年間、場合によっては3年間（学校によってはそれ以上）、仲間外れになってしまいます。

このような環境で何年間も生きてきた経験は強烈で、これこそが「人間関係の基礎」だと考えてしまいます。

だからこそ、私たちは大人になってからも、人から嫌われないようにコミュニケーションをとることが大事だと思ってしまっています。

でも、考えてみてください。

それは、特殊な人間関係であり、不自然な人間関係なのです。

数年間、自分自身で選ぶ権利もなく、強制的に同じ人たちと同じ環境でコミュニティをつくらされ、そこからはみ出すことが許されない状況は、とても不自然な状態です。

本来、人間関係は時間が経てば経つほど変わっていきますし、誰とつき合うか選ぶ権利はあなたの手の中にあるのです。

現在まさに人間関係で苦労している人は、今の人間関係がすべてなどと思わないでください。

人間関係は変えてもいい

「現状ではどうにもならない。でも、変わりたい！」

私の元には、こういった人が相談に来ます。

多くの人が、なんとか自分を変えたい、現状を変えたいと思っているのです。
人間は環境に左右される生き物です。環境とは、人間関係そのものです。
だから、相談者に対して、私はいつもこのようにアドバイスしています。

「まず、人間関係を変えましょう！」

普段、共に時間を過ごすことが多い５人をピックアップし、その５人の平均年収額を計算すると自分の年収と同じ額になる、とはよく言われます。
また、大ベストセラー『嫌われる勇気』（岸見一郎／古賀史健著　ダイヤモンド社）で一躍有名になった、心理学者のアルフレッド・アドラーも「人の悩みのすべては人間関係」だと語っています。

家庭や学校、職場など、私たちの人生にはさまざまな人間関係があります。

親、兄弟姉妹、親戚、友だち、先生、上司、部下、同僚など、私たちを縛りつける人間関係から解き放たれ、気持ちを軽くしたいという人は本当に多いです。

誰もが人間関係を良くしたいと望んでいますし、逆に言えば、**人間関係がうまくいけば人生は幸せ**だと言えます。

家庭、学校、職場をはじめとするさまざまな人間関係の悩みを解消することで、私たちは人生に大きな満足感を得ることができるのです。

だからこそ、私はあなたの人生に必要ない9割の人間関係からは逃げて、自分を飛躍させてくれる大切な1割の人とつき合うことが大切だと説いています。

うまく逃げるコツ

02

必要ない9割の人間関係よりも、大切な1割の人との時間を大事にする

03 人間関係の9割は重要ではない

9割の人からは、好かれなくてもいい

前項でお伝えしたように、満足のいく幸せな人生を送るためには、「あなたの人生に必要ない9割の人間関係からは逃げて、自分を飛躍させてくれる大切な1割の人とつき合う」ことです。

つまり、極論を言ってしまえば「**あなたにとって大切ではない9割の人たちからは、そこまで好かれなくてもいい**」のです。

でも、多くの人は、みんなから好かれたいと思い、どうでもいい人間関係に振り回されています。

あなたも、どうでもいい人間関係のはずなのに、それに悩みすぎて、自分を追い込み、自分の可能性を消してしまっていませんか?

もしそうだとしたら、本当にもったいないことです。

こんな人とは距離を置く

人間関係がうまくいかず、「自分がダメな人間だからだ……」と考え込んでしまうと、セルフイメージが下がってしまいます。そのせいで、気分が沈んで、鬱になってしまうこともあります。

心を消耗させて、何もやる気が起こらなくなるくらいなら、人間関係を整理するべきです。

何もわざわざ嫌われる必要はありませんが、無理して自分を押し殺してまで好かれる必要もないのです。

意識的か無意識的かにかかわらず、あなたの足を引っ張る人、あなたを攻撃してくる人、恐怖で支配しようとしてくる人に関わっている時間は無駄です。

そのような人たちは、ターゲットを探しているだけなので、関係を持たないでください。あなたは被害者になってはいけません。

もし「あなたのことが気に入らない」という人がいたとしても、関係が薄ければ薄いほどターゲットにはできませんし、関わりようがありません。

もし身近にそういう人がいるならば、一刻も早く距離を置くべきです。

自分と一緒に成長できる人とつき合う

誤解を恐れずに言ってしまえば、**一緒に成長できない人、あなたの足を引っ張る人とはつき合わなくていいのです**。

成長とは、仕事や金銭の損得だけではありません。あなたの幸せや成長を妨げてくる人とは、つき合わなくていいということです。

同じ職場、同じ学校、同じ地区の人だからうまくつき合わなければならない、と思い込んでいる人がいますが、人間関係は何かしらお互いに役に立てる関係性でなければ健全だとは言えません。

お互いに成長できない関係は、ネガティブスパイラルに入ってしまい、嫉妬が生まれたり、批判するようになったりして、うまくいかないことが多いのです。

あなたの幸せや成長につながらない人間関係を、うまくいかせようと無理して頑張ることは、毎日を幸せに過ごすためのエネルギーの浪費でしかありません。

うまく逃げるコツ

03

どうでもいい人間関係に振り回されない

04 人間関係は自分で選ぶ

「人間関係は選べない」は思い込み

多くの人が、人間関係は偶然与えられるものだと思い込んでいます。

しかし、これは子どもの頃から刷り込まれた記憶のせいです。大人になったら、人間関係は自分自身で選ぶことができるのです。

人間関係を自分自身で取捨選択していくと、人生を主体的に送ることができるようになります。

「そうは言っても、自分で人間関係を選ぶのはなかなか難しい」という人もいるかもしれません。

その場合は、**今いる環境の中で、人間関係（＝つき合う人）を選ぶことから始めてみてください**。

まずは、今つき合っている人たちの中で、あなたにとってあまり良い影響を与えない人、苦手な人との関係を徐々に解消していきます。

その一方で、あなたにとって大事な人、好きな人、一緒にいると元気になれる人、キーパーソンとなる人を探して、その人とのつながりを強くするのです。

その際の目安は、少しでも尊敬できる人、学びがある人、あなたを成長させてくれる人などです。そう思える人とつき合うように心がけてみましょう。

あなたを成長させてくれる人とは、あなたの良いところを見てくれる人、欠点に注目することなく、愛情を持ってあなたを認めてくれる人です。

あなたを否定するにしても、フェアに見てくれる、あなたの長所・短所も含めて受け入れてくれる人が、本当につながるべき人です。

現在、人間関係に疲れて心が弱っている人は、視野が狭くなっているので、そんな人はこの世に存在しないと思ってしまうかもしれません。

しかし、必ず1人はそういう人がいます。キーパーソンを見つけるのは、暗闇の中で灯台を見つけることと同じです。

灯台を見つけたら、新しい航路が切り拓かれていきます。

つき合う人の選択肢は増えている

それでもまだ不安な人、うまくいかない人は、職場や学校、家庭、地域以外のコミュニティに新しく属してみるといいでしょう。

今は、インターネットやSNSでも人間関係がつくれる時代です。趣味嗜好が合う人と簡単に出会うことができますし、つながりもすぐに強くできます。

勉強、マラソン、アイドル、好きな食べ物……など、趣味嗜好が合えばどんなつながりでもつくれるのです。

趣味嗜好が似ている人とつき合えば、価値観が似ているため、つながりもより強くなります。

気が合う仲間たちとの時間は、あなたの気持ちをラクにしてくれますし、孤独感も薄らいでいくことでしょう。

今の時代、人間関係の選択肢はますます増えています。だからこそ、自分自身で好きに選んでいいのです。

うまく逃げるコツ

04

今いるコミュニティ以外の人と交流してみる

05 人間関係は定期的に入れ替えなさい

うまくいく人ほど、常時入れ替えている

過去を振り返って、人間関係が切れてしまったり、また自ら切ってしまったりして、思い悩んでしまったことはありませんでしたか？

そのときに、「これでいいのだろうか……」「これで良かったのか……」といったふうに考えてしまうと、視野が狭くなります。生きている世界が狭いと、同じ状況を繰り返すだけで変われません。

うまくいっている人は、人間関係から逃げることに躊躇しません。

私自身の経験から言えば、うまくいっている人は嫌な人間関係とわかれば、即座に距離を置いてしまう人が大多数です。嫌な人との関係からはあえて距離を置いて、会う時間を短くしているのです。

シンプルに言ってしまえば、幸せな人ほど人間関係で悩んでいません。

ある有名な経営者は、会社が大きくなるにつれて、つき合うパートナーが変わっていったと言います。

その会社の経営者は、会社＝生命体だと考え、いろんな人や会社と、コラボやジョイント(提携)をしていきました。結果、誰もが知るほどの大成功をおさめています。

この経営者の言葉を借りると、人間関係がどんどん入れ替わっていかなければ、成長も自己実現もできないのです。

「新陳代謝」が成長や幸せのカギ

人間関係には、新陳代謝が必要です。

たとえば、今もし実家暮らしをしているなら、一度実家を出てみることをお勧めします。

実家に住んでいると、親や小・中学校時代からの友だちなど、昔から知っている人たちとの関係がメインになります。

もし、あなたが成長して自分を変えていったとしても、古くからの人間関係の相手がイメージするあなた像を変えることはなかなかできません。

変わろうとするあなたに対しての違和感は、相手にとって心地良いものではないからです。

いくら親や友人が「あなたの成長を妨げる気はない」と言っていても、その人は自分の違和感を消すために、無意識に引き止めてしまうことも多いです。

だからこそ、**古い人間関係から心理的・物理的に距離をとってみるべきです。**

自分の成長や幸せを考えてみる

古い関係に依存せず、新しい関係をつくっていく、これこそが人間関係の新陳代謝です。この新陳代謝を繰り返していくことが必要です。

今の人間関係で、あなたのなりたい自分になれるのであればいいですが、実現が難しそうと考えるのであれば、今の関係を一度、見直しましょう。

もし、あなたの成長にブレーキをかけているとわかったら、いったん距離を置き、親や友人であっても1年に1回ほど会う程度の関係になることをお勧めします。

人間関係は、あなたの成長や幸せを応援してくれる人かどうかが大切です。

うまく逃げるコツ
05

あなたの成長や幸せを応援してくれる人とつき合う

06 残念で残酷な「人間関係」の真実

なぜ、あの人はあなたの足を引っ張るのか？

あなたが変化したり成長したりすると、あなたの周りにいる人の中には、「自分は置いていかれた」「自分は変われないダメな人間だ」という思いから、苦痛を感じる人もいます。

自分を正当化するために、あなたの成長を素直に喜んでくれないことも多いです。

だから、**あなたの成長を素直に喜んでくれる、中立で冷静な人とつき合うことが大切です**。

人間の脳には、「ミラーニューロン」という細胞が備わっています。

ミラーニューロンとは、「自分がある行動をするときと同様に、他社が同じ行動をするのを見るときにも活動する細胞」です。

つまり、一緒にいる人の行動は、あなたの脳に影響を与えてしまうのです。相手と行動が似てくると、結果的に考え方まで似ていってしまいます。

たとえば、ネガティブな人と一緒にいると、ネガティブになりやすく、いつも不安な人とつき合うと、いつも不安になっていきます。

「仕事なんてこんなものだよね」「お金なんてなくても楽しいじゃない」と考えている人と一緒にいるのが当たり前になってしまうと、言い訳があなたにも移り、仕事で成長することができなくなり、お金がない人生になってしまいます。

逆に、ポジティブな人と一緒にいるとポジティブになり、行動力がある人とつき合うと行動力が生まれてきます。

だからこそ、この人と一緒にいると、「自分は成長できる」「幸せになれる」と感じる人とだけ密につき合ってみてください。

健康になりたいのなら、不健康な人と一緒にいてはいけませんし、お金持ちになりたかったら、お金が嫌いな人と一緒にいてはいけません。仕事ができるようになりたかったら、仕事ができない人と一緒にいてはいけないのです。

「長く続く人間関係こそ良い人間関係」は幻想

人間関係には新陳代謝が必要、と前述しました。

人間関係を美容、ダイエットと捉えるとわかりやすいでしょう。

体に老廃物が溜まってしまうと、血液の流れは悪くなります。循環が悪いと、美しさも良い健康状態も期待できません。

人間関係もこれと同じで、良い循環をつくることが大切です。

「変わらないことが良い」とする人もいますが、成長を阻害する関係の場合は、長く続くとマイナスでしかありません。

人間関係は変わることが自然であり、変わらないことは不自然なのです。

あなたも中学、高校、大学や専門学校、社会人という時間の流れによって、つき合う友人も変わってきたはずです。

厳しい見方をすれば、年齢を重ねてもずっと同じ人とばかりしかつき合ってこなかった場合は、当時から成長していないとも言えます。

うまく逃げるコツ

06

ライフステージに合わせて、人間関係も変えていく

07 あなたの3年後は、今つき合う人でできている

同じ人とばかり会っていると、人生は停滞する

私自身は、前述した有名な経営者の話を聞いたこともあり、今でも意識して、自分を成長させてくれそうなイベントに足を運んだり、新しいコミュニティに入ったりして、積極的に新しい人に会うようにしています。

これは、人間関係をアップグレードしていくために意識的に行なっています。

コミュニティでは、自分の成長に刺激を与えてくれる人だけを探します。

無理して全員と仲良くならないといけないと思わず、変にプレッシャーに感じないほうが気がラクです。

自分の成長に刺激を与えてくれる人は、新しいコミュニティ内でも全体の1割程度になることが多く、その人からさらに新しいコミュニティを紹介してもらったときは、そこでも同じように、自分を成長させてくれる1割の人を探します。

これを繰り返すことで、私の周りには価値観を共有できる少数精鋭の人々が集まっています。

この方法は昔の偉人も行なっていました。

坂本龍馬は土佐藩から脱藩しました。周りの人々と価値観が合わず、仲違いしてしまったからです。

しかし、彼にはスポンサーがいました。目をかけてくれる人がいたのです。

イギリス人のトーマス・ブレーク・グラバー（1838〜1911年）や、それ以外にも価値観の合う協力者たちと出会って、新しい考えが生まれ、大きな功績をおさめることができたのです。

もし、長州藩や薩摩藩の知り合いの日本人だけで集まっていれば、あそこまでの大きなことは成し遂げられなかったでしょう。

助けになってくれる人とつながって、その人たちに影響され、人間関係を入れ替えていったことで、大きな功績を出せたのです。

あなたも、**あえて新しい場所に行ったり、今まで会ったことがない人に会ったりしてみてください**。新しい人や新しい価値観を持つ人、情報感度の高い人が集まる場所に身を置いてみてください。

そうすることで、考え方も変わり、良い循環が生まれます。

同じ人とばかり集まっていると、人生はどうしても停滞します。なかなか新しい価値観が生まれにくいからです。

つき合う人が固定化され、その人たちと接する時間が10割では、完全にその人たちの考え方に影響されてしまいます。

うまく
逃げるコツ
07

つき合う人は固定化しすぎない。常に新鮮な風を入れるようにする

自分にとって新鮮な人とつき合う

人間関係は、食べ物のようなものでもあります。

フレッシュな食材や、自分の体にとって良い食べ物を摂ると、すっと体が吸収してくれて、栄養になっていきます。

逆に、自分にとって良くないものを摂れば、アレルギーを起こしたり、調子が悪くなったりします。

だからこそ、人間関係も自分にとってプラスになる人、自分と一緒に成長できる人、あなたが人生で大事にしている価値観を共有できる人とだけ、つき合うようにしましょう。

０８ ズルズルと人間関係を続ける末路

不要な人間関係から逃げないとこれが奪われる

そもそも人間関係で悩んでいる人は、無意識のうちに多くのものを奪われながら、日々を生きています。

特に大きなものは〝時間〟です。

時間を奪われることは、大きな損失です。**仕事やプライベート、人生において、時間以上に大切なものはありません。**

時間を奪われると、同時にチャンスやお金まで奪われてしまいます。

社会人であれば、嫌な人への対応に時間を奪われてしまえば、本当にやるべきことに時間をかけられなくなります。当然、活躍できるチャンスも少なくなり、収入も成長速度も高まりづらくなります。

そうなってしまうと、どんなに仕事が好きでも、周りからは「あいつは仕事をやる気がない」と評価されてしまいます。

「嫌な人への対応をしているだけ」にもかかわらずです。

さらには、ストレスが溜まってしまい、飲みに行って散財する、不要なブランド物やカバンを買ってしまうなど、刹那的な快楽のために無駄なお金を使うことにもつながります。

時間もお金も奪われてしまえば、家族との関係も悪くなってしまう可能性もあります。

メンタルにも人生にも悪影響を及ぼす

　このように、嫌な人にあなたの時間を奪われてしまうと、さまざまな悪い影響を受けてしまいます。

　そうなると、あなた自身からも良いマインドや考え方が生まれにくくなり、人生にも悪い循環が生じてしまいます。

人間関係＝人生と言っても過言ではありません。メンタルが健康でなければ、人生はうまくいきません。可能性やエネルギーを奪われてしまうと、本来はうまくいくことも、うまくいかなくなります。

　嫌な人に思考もメンタルもコントロールされてしまうと、結局、自分がやりたいこと、やるべきことができなくなってしまいます。

　だから、もし周りにあなたの時間を無駄に奪う人がいるようなら、とにかく離れましょう。

具体的には、所属するコミュニティやSNSなどで、最初からネガティブで、人から何かを奪うようなタイプの人です。

また、「とりあえず会いましょう」「情報交換をしましょう」と言って、目的が明確ではないのに近づいてくる人も要注意です。

愚痴を言われて、ネガティブなマインドに引っ張られる可能性が高く、また無駄な噂話や世間話で、あなたの時間を無駄に奪われてしまうことも多いです。

そうなっては元も子もありません。

そのようなことを言って近づいてくる人がいたら、うまく誘いを断りましょう。

うまく逃げるコツ 08

時間を奪う人は、お金もエネルギーも奪うので要注意

第2章

人間関係から逃げるメリット

09 あなたの毒になる人からは離れなさい

違和感を持ったときが離れるサイン

嫌な人、価値観が合わない人は、あなたにとって〝疫病神〟のような存在です。

あなたの人間関係の中に、疫病神のような人が1人でもいると、全体に波及して、人生が破滅する可能性すらあります。

発見したらただちに処置をしないと、〝健康〟ではいられません。

家族、友人、パートナー・恋人、仕事の同僚、上司、お客さん、知り合い……、どんな人でも、あなたにとっての疫病神になり得ます。

自分にとってその人が疫病神だとわかったら、どんなに強いつながりがあったと

しても、少しずつ距離を置いていかなければなりません。たとえば、「親友だと思っていたけど、最近ちょっと違和感があるな」

こう感じたら迷わず、会う頻度を減らすべきです。週1回のペースで会っていたのなら、月1回にしてみるなど、すぐにできることから始めてみましょう。

避けられていると感じたら素直にアドバイスをもらう

違う見方をすれば、あなたが大切な人から疫病神だと思われてしまうことも当然あるので、注意が必要です。

もし、自分が相手から距離を置かれているかもしれないと感じたら、その原因を知るために、しっかりとその相手と話してみることです。

もちろん、人間は完璧ではないので、何かしらあなたにも改善の余地があるかもしれません。

そんなときは、その相手に「○○さんは、自分にとって大切な人なので、ぜひ○○さんとの関係をさらに良くしたいと考えています。もし、自分に改善できることや、何か気をつけたほうがいいことなどがあれば、言いにくいことも含めて、ぜひ、何かアドバイスをしてもらえないでしょうか？」というふうに、素直に聞いてみると良いでしょう。

それでも核心をぼかして、答えてもらえないような関係になっていたら、その人間関係はすでに成り立っていません。その場合は、いったんここまでと区切りをつけましょう。

そして、思い切って距離をとって、離れていくべきです。

離れずにいると、悪い影響、雰囲気はその後もどんどん広がっていきますし、その結果、自分自身も気力を失い、何事においてもトライしようと思えなくなります。

だからこそ、**悪い人間関係が続いているのなら、いったん今の関係から離れてみ**

てください。

人間関係を一気に変えるシンプルな方法

荒療治ではありますが、最もシンプルで効果があるのが、環境をガラリと変え、今までの常識が通用しない場所に移動することです。

転校する、引っ越しする、地方から東京に出てくる、逆に東京から地方に行く、留学する、海外に行く、転職する、など。

こうすると、一気に視点や環境が変わり、人間関係も変えることができます。

私自身も5回も転校し、自分にまったく自信が持てなかった時期が続きました。将来何をしたいかもわからず、これからどうやって生きていけばいいのだろうと、人生でどん底にいたときに、アメリカに留学したことが転機となりました。

日本での常識が、実は世界では非常識だったり、逆に世界では当たり前のことが日本では非常識だったりと、今まで日本で悩んでいたことは、ちっぽけなことだったなと、良い意味で開き直れたりもしました。

今までの常識が通用しない場所に行くと、良い影響が多く生まれます。

とはいえ、誰しも初めは環境を変えることが怖いもの。

しかしよく考えてみれば、昔、人間は移動しながら暮らしていたわけです。

私が日本人であるのも、たまたま先祖の誰かが日本を探し出し、移り住んだからです。

移動することは、人間にとって自然なことなのです。

そして、さまざまな意味で、こんなに移動しやすい時代はありません。

ほんの少しの勇気と行動力で悩みは解消でき、あなたの人生は変わるのです。

人間関係を変えることなど、簡単な時代です。

悩むことなく、気持ちをラクにして構えておいてください。

うまく
逃げるコツ
09

悪い人間関係から離れることに躊躇しない

10 つき合う人を減らすと、自分の時間が増える

いかに時間を使うかが、人生をより良く生きる秘訣

今の人間関係から逃げることに、まだ躊躇している人もいるでしょう。

しかし、不要な人間関係から逃げることには、多くのメリットがあります。

〝自分のための時間が生まれる〟〝心と体に新しいエネルギーが生まれる〟〝マインドが良い方向へ変わっていく〟などです。


特に大きいのは、自分の時間が増えること。

私たちに与えられた時間は平等、1年＝365日×24時間です。

これは、誰もが与えられた唯一の平等な資産です。お金や容姿、運動神経や学習能力などは平等ではありません。

しかし、時間だけは平等です。ビル・ゲイツさんにも、孫正義さんにも、あなたにも、同じだけ時間は与えられています。

そう考えると、いかに時間をうまく使うかが人生をより良く生きる秘訣です。

重要な１割の人に時間を使う

ほとんどの人は、会社に行く準備や移動も含めて、朝7時から帰宅する夜7時頃までの、約12時間を仕事に拘束されます。人によって違いはあるかもしれませんが、おおよそこのようなスケジュールではないでしょうか。

寝る時間を6時間、入浴と夕食で1時間とすると、自由な時間は5時間ほど。疲れもあるでしょうから、それを計算に入れて考えると、実際に自由に動ける時間は凝縮して考えると、実質4時間ほどです。

この4時間の中で、さまざまな方法で家族、友人、恋人、知人、会社の人などとコミュニケーションをとっているわけです。

結局、その人たちに時間を使っています。人間は孤独を怖がり、寂しさをまぎらわすため、人とつながろうとしてしまいます。なんだかんだ言いながら、1人では生きていけないのです。

生きていく上で、人間関係はどうしても必要不可欠。

それなら、貴重なあなたの時間を重要な1割の人に費やすべきです。

自分のために時間を使う

多くの人が、流されるまま、受け身で、あまり自分に必要のない人と一緒に過ごしてしまっています。意識していないと、時間は自分のものではなく、他人のものになってしまうのです。

まずは大前提として、**あなたの人生で一番大切なのは自分自身の時間である**、ということを自覚してください。

そして、大切な自分のための時間を確保しましょう。重要な人とのコミュニケーションの時間であったり、今後人生で何をしたいか考える時間であったり。あなたのためになる時間を確保しましょう。

多くのつながりを持っていると、時間はいくらあっても足りません。どんどんあなたの時間は奪われていきます。

だからこそ、本当に重要な1割の人を厳選し、自分のためにならない時間を減らすことが大切なのです。

うまく
逃げるコツ
10

どうでもいい人とつき合う時間を減らす

11 人間関係から逃げると、やりたいことが見つかる

好きなことが見つかり、自分の人生を送れる

不要な人間関係から逃げることの最大のメリットは、自分の人生を送れることにあります。

時々、「自分の好きなことがわからない」と悩んでいる人がいます。これは、自分のことを真剣に考える時間がとれていない証拠です。

しかし、自分のことを考えられていないのが問題なのではありません。忙しすぎて、そのための時間がとれないことが問題なのです。

平日は毎日会社に行って、帰ってきて、人間関係に疲れている。家では家族との関係で疲れる。独身なら、友だちとの連絡のやりとりで疲れる……。

こうなってしまうと、自分自身のことを考える時間がありません。また、疲弊しているので、考える気力も起きにくいです。

何年間もこのような生活をしていたら、自分の好きなこと、好きなものを忘れてしまってもしかたがありません。

不必要な人から逃げ、理想の人で周りを囲もう

人間関係は、私たちの人生を形づくります。

31ページでも触れましたが、周りにいる5人の平均収入が、自分の収入になる、とよく言われます。

これは、何も収入に限った話だけではなく、健康、マインド、資産などにも当てはまります。

あなたの周りにいる人が、自分のなりたい姿ではない人ばかりでは、目標はなかなか達成できません。

自分が今どういうコミュニティにいるのか、理想を実現している人はどこにいるのかを真剣に探してみてください。

人間関係の悩みがなくなると、エネルギーが湧き出てくる

もちろん、今の人間関係から逃げるためにはエネルギーがいります。

しかし、必要ない人間関係から逃げられたら、新しいエネルギーが生まれます。

私は以前、スリランカの山奥に2週間滞在したことがありました。

何しろ電波も届かない場所だったので、人との交信手段は当然ありません。

そのときに感じたのは、人間の疲れやストレスは、ほとんど人間関係からくるのではないかということでした。

大自然の中で、朝は小鳥のさえずりで目覚め、その日の予定は何もなく、のんびり読書をしたり、日記を書いたりしていると、自分がこれまで忘れていた、人生でやりたかったことや行きたかった場所、会いたかった人などを思い出しました。

また、自分のための時間をとることで改めて、自分の人生の方向性や今後の計画などをじっくり考えられたのも良かったです。

今までの人間関係から少しだけ離れ、自分を客観的に見られたことで、仕事や人生における次の目標が発見できました。

不必要なつき合いから距離を置くことからは、こんな副産物も得られます。

うまく
逃げるコツ
11

人づき合いを少なくして、自分の心の声を聞く時間を増やす

12 9割の人間関係から逃げると、人生が変わる

人間関係から逃げて、変わった人たち

私が開催するセミナーに参加した、ある40代の既婚女性の話です。

その日のセミナーの懇親会で話してくれたのですが、その女性は、夫、両親、ママ友などとの関係にとても疲れていました。

詳しく話を聞いてみると、「誰にも文句を言われたくない」「どこに行くにも自分で決めたい」「自分の好きなことを思いっ切りやりたい」など、他者に束縛されない人生を送りたいという願いを持っていました。しかし、

「どこに行くの？　誰と行くの？　何時頃帰ってくるの？」

出かけるたびにこういったことを聞かれ、日々ストレスを感じていたのです。

ママ友とのコミュニティもつらく、半ば強制的にイベントに参加しなければならなかったようで、相談に来たときには相当ストレスを抱え、自分の時間も奪われて、精神的に少し追い詰められたような状態でした。

そのときにアドバイスさせてもらったことは、「とにかく、自分が今追い詰められていると感じているようなら、無理しないで自分を大切にして、自分が本当に信頼できる人や一緒に成長できる人と、もっと共に過ごしてみてください。あなたは周りが良い人で囲まれれば、きっとうまくいきますよ」と伝えました。

その方は6カ月後に思い切って夫と離婚し、人間関係を清算して、人生を大きく変えました。

その方は地元でエステサロンを経営されていたのですが、離婚前はあまり儲かっていなかったようです。

今までは、普段つき合う人がママ友や旦那さんだけという環境でしたが、離婚したことで自分のための時間が生まれ、好きなことをビジネスにして稼ぐ人が集まる環境に身を置けるようになったのです。

そうすると、良い情報が集まり、助けてくれる人が現れ、ビジネスも人生も激変したのだそうです。

今では、彼女のエステサロンはお客さんが殺到し、予約が1カ月待ちという状態になりました。彼女自身もよりイキイキと働き、プライベートでも自分と価値観の合う友人と一緒に海外旅行に行くなど、充実した人生を送っているそうです。

これは一つの例ですが、人間関係の良し悪しで、人生はこんなに大きく変わります。

人生を満喫している人ほど、人間関係にとらわれない

人生を謳歌している人、人生に満足感を得ている人は、マイペースな人が多いです。

自分の思ったように動く人が多いので、その分、思考と行動に一貫性が生まれ、

目標を達成できる可能性が高いからです。

経営者でもアスリートでもアーティストでも、マイペースに動ける図太さを持つ人は一流になることが多いです。

評価される人ほど言いたいことを言って、やりたいことをやっているということです。

そういう人々は、一見孤独なように見えますが、そうでもありません。なぜなら、他者への気遣いも忘れず、人を巻き込む力に優れているからです。

孤独なように見えて、実は支援者、協力者、わかり合える仲間に囲まれていることが多いのです。

うまく逃げるコツ 12

良い意味で自分本位になる

13 今の人間関係がなくなっても問題ない

自分が苦しくなってきたときは、人間関係を変えるサイン

前項で、夫と離婚して、ビジネスが軌道に乗った女性の話を例に出しましたが、何も私は、稼ぐために人間関係を変えなさいと言いたいわけではありません。

自分を苦しめないために人間関係を変えるべきだ、と伝えたいのです。

会社員が自殺したというニュースを目にすることがあります。労働の過酷さなどの要因もあると思いますが、嫌な人間関係が原因であることも多いようです。

命を絶つほど苦しいのなら会社を辞めるなど、**追い詰められる前に今の人間関係**

から逃げましょう、そう私は伝えたいのです。

最近では、いじめを苦にした中高生が自殺する例も増えてしまっています。

私も学生時代にいじめられていたので気持ちはよくわかりますが、もし学校の先生も友だちも親も誰も助けてくれず、自殺を考えてしまうようなら、思い切って今の人間関係から逃れ、転校したり、通信制の学校に編入するのもアリです。

古いつき合いより、自分の人生が一番大切

自分を消耗させる前に、何かしらの対策はとるべきです。人が追い詰められる大きな原因は人間関係にあります。ＮＯと言えない状況は本当につらいものです。

〝孤独〟に恐怖を感じる人は多いので、嫌な人間関係からなかなか逃げられずに、追い詰められてしまうのでしょう。

嫌な人間関係であったとしても、誰もがそのコミュニティから離れたくない、離れられないと思ってしまうのです。

人間関係を変えたいと思っているけれど、心の奥では変わりたくない自分もいる。なんだかんだ言っても安心するし、自分が我慢していれば居心地は悪くないから、このままの人間関係でいよう、となるのです。

長い期間一緒にいたからといって、自分を犠牲にして我慢する必要はありません。どんな理由でも、自己犠牲の上に成り立つ人間関係からは逃げるべきです。昔からの友だちなら、価値観が合わなくなったからといって、なかなか関係が切れないものですし、距離を置くというのも現実問題として難しいかもしれません。何より、人間には情があるので、名残惜しい気持ちもあるでしょう。

それでも関係を整理しないと、あなたの人生が崩れていく可能性があります。せめて集まりに行かないようにする、違う人間関係をつくる、といった何かしらのアクションを起こすべきです。

あなたを歓迎してくれる人は必ずどこかにいる

今では、さまざまな場所にたくさんのコミュニティがあります。

SNSも発達していますし、あなたに合ったコミュニティは必ず見つかります。

もし見つからなければ、自分からコミュニティをつくってもいいのです。

まず、自ら行動を起こすことが大事です。新しいコミュニティに参加し、一言話しかけてみることが、新しい人間関係を築く第一歩となります。

同じ志向、共通言語を持つ人とは仲間になりやすいのです。

もし、今の人間関係がなくなってしまっても、あなたを歓迎してくれる人は必ずどこかにいるので、心配しないでください。

うまく
逃げるコツ
13

どんな人間関係よりも大切なのは自分自身、ということを心に刻む

14 新しい人間関係のつくり方

知らないコミュニティへの参加

この章の最後に、私自身の実体験をお伝えします。

私が大学1年生のときの話です。

中学・高校でいじめられて転校してばかりで、まったく友人がいなかった私ですが、大学に入っても話の合う友人は、1人か2人くらいしかいませんでした。


あるとき、『あなたもいままでの10倍速く本が読める』（ポール・R・シーリィ著／神田昌典 監修 フォレスト出版）という本を読み、感銘を受け、この本の速読セミナーを受けようと、当時のバイト代2カ月分という大金をつぎ込み、東京に深夜バスで向かいました。

そこでは、日本全国の中小企業経営者30名くらいの方々が参加し、みんなで一緒にフォトリーディングという速読法を学びました。

夜は懇親会で一緒に食事をしながら、「こういう自分自身を高めようとする人たちが集まるセミナーに参加すると、一緒に何かを学べて、夜は美味しいご飯を食べられて、全国にいろいろな友だちができるから最高だよね」という話で盛り上がり、大学生ながらたくさんの人生の先輩に出会えました。

一歩踏み出す勇気を持つ

その後に、また今度、一緒に速読を実践する勉強会をして、みんなでご飯を食べようという流れになり、面白いコミュニティが勝手にでき上がりました。

大学ではあまり友人がいなかった私ですが、こうやって、勇気を持って新しい環境に飛び込んだことで、多くの素晴らしい仲間に出会えました。

その中の何人かの方とは、今でもたまに一緒に食事をさせていただくほどの長いおつき合いになり、一緒に仕事をしたりする人もいます。

やはり、**人生は誰と過ごすかで大きく変わる**、ということを身をもって感じた経験でした。

うまく逃げるコツ

14

現状を変えたければ、一歩踏み出す

第3章

人間関係からはこうやって逃げなさい

15 嫌な人が自分の近くにいないことが大事

人間関係を整理する計画の第一歩は、距離をとること

第1章でもお伝えしましたが、人間関係から逃げられない優しい人が最初にするべきことは、「人間関係を整理する計画を立てること」です。

「もうこの人間関係を続けることは無理だ」というタイミングで、どう考え、どう動くかで、その後の人生に違いが生まれます。

人間関係でも、サッカーのように、イエローカードが出るときがあります。

これこそ、その人間関係から逃げるために、〝人生が自分に出してくれるシグナル〟

と言ってもいいでしょう。

シグナルとは、何も難しく考える必要はありません。

ある人と仕事をしていて、一緒に行動していて、「何かがおかしい」「フィーリングがあまりにも合わない」と感じたときがシグナルです。

自分自身の中で起こるちょっとした違和感こそがそのシグナルで、それを見逃さないことが大切だと私は考えています。

たとえば、何かの仕事を一緒にした後に、「この人とは一緒に仕事をしなければよかったのではないか」と感じた場合、その予感は大体当たっていて、その後の関係はうまくいかないことが多いです。

「自分の心の声」をないがしろにしてしまうと、ストレスを感じ、コミュニケーションがうまくいかなくなります。

違和感を覚えたり、何か嫌な感じがするときは、徐々に相手とのつながりを弱くしていくことが大切です。

その人との親密さを下げ、その人と少しずつ距離をとるのです。

特に気をつけてほしいのは、お金が簡単に儲かりそうといった、うまい儲け話などです。どんなに仲が良くても、その人との人間関係が壊れてしまいますので、何か違和感を覚えたら、その話に乗らないことも大事です。

嫌な人とはつき合わない

人間関係から逃げるときに、まず現実的にできることとは、距離を置くことです。この距離を置くことこそが、人間関係を整理する計画の一つになります。

急に逃げるとなると、さまざまな感情から立ち止まってしまうものです。

だからこそ、まずはハードルの低いアクションプランである「距離を置く」ことを意識してください。

ここで距離をとらなければ、だんだんと無気力な人間になってしまいます。

嫌な人と仕事をしていると、無意識のうちに自分自身を消耗させてしまいます。

本来、誰もが自分の仕事に誇りを持ち、自分のやっている仕事が好きだから頑張りたいと考えています。

私だったら、セミナーなど人前で話して相手の役に立つこと、文章を書くこと、企画を立てることが好きな仕事です。

人それぞれ、好きな仕事のイメージがあるはずです。

やりがいのある好きな仕事なのに、「あの人とやるのか……」と考え出して、仕事が嫌になってしまうのは残念なことです。

「仕事＝嫌」となってしまってからでは、手遅れです。

だからこそ、嫌な人とつながったままでいることはやめるべきなのです。

人間関係で疲れてしまえば、仕事だけではなく、あらゆることへのやる気が下がりますし、あなたの才能が埋もれてしまいます。

多くの人が「燃え尽き症候群」で仕事へのモチベーションを失ってしまう理由は、実は仕事そのものより、一緒に仕事をする人が原因になってることが多いと私は考えています。

こうなってしまうと、ただただ我慢して日々を過ごしていくことになり、何事も最低限こなせばいいや、となってしまいます。

これでは、あなたの人生は満足のいくものには絶対になりません。

うまく逃げるコツ 15

相手に違和感を覚えたときは、その人間関係から逃げるべき

16 空気を読みすぎない

自分の気持ちにブレーキをかけないことが大事

人間関係を整理することは、自分を大切にすることにもつながります。

自分を大切にできない人は、理想の人生を自ら形づくることができません。

私は海外での生活が長いのでよくわかるのですが、日本人は相手の立場に立ってものを考える能力が優れています。

しかし、その能力があるがゆえ、心を消耗し、実力を発揮できない原因になっています。自分自身でブレーキをかけてしまいがちなのです。

あなたは、今まで自分より周りの人を尊重してきたはずですし、丁寧に扱ってきたはずです。だからこそ、私はここであなたに、**今よりも少しだけ自分をいたわって、自分自身をより大切にしてほしい**と思います。

忖度するのをやめてみる

場や相手が醸し出す空気を読みとりながらコミュニケーションすることを、少し控えてください。つまり、あえて空気を読まないことをお勧めしたいのです。

ひとくくりには言えないかもしれませんが、日本人は人間関係において、相手の気持ちをおしはかる傾向があるように私は感じます。相手の心を読みとり、自分の本当の考えとは違う言動をとってしまうのです。

これは組織内でも、そして所属するさまざまなコミュニティにおいても、例外ではありません。

常に相手の心を思い、汲みとる。これは、たしかに大切なことではありますが、それによって自分自身の心を消耗させ、やる気や発想を抑え込み、場合によってはうつになってしまうこともあります。これでは本末転倒です。

あなた自身が、自分の可能性を閉ざしてしまうことだけはやめてください。

そうならないためには、今よりも少しだけ〝空気を読まない〟ようにすること。

この意識を持つだけでも、人生は良い方向へ進んでいきます。

具体的には、より意識して自分の意見を述べる、今までそうだったからという理由だけで前例をそのまま踏襲しない、周りと意見が違っても、自分がなぜそう思うのか、なぜそうしたほうがいいのか発言してみるなどです。

日本では昔から、空気を読めない人は仲間に入れてもらえない、仲間外れにされてしまうという意識があり、不利益をこうむると考えられています。

しかし、これこそが非常に生きにくくなっている要因です。

私の周りには空気を読めない人、あえて読まない人のほうが自己実現できている事実がありますし、そういう人の周りに人は集まってきています。

人間関係も人生も思いどおりに生きている人ほど、自分を大切にしています。

自分の価値観に合わせよう

私たち、日本人は集団主義が大多数です。基本的には「相互依存型」と言いますか、自分が自分自身のことをどう思うかより、周りの人が自分をどう思うかを極端に気にする性格の人が多いです。

また、空気を読みながら、誰にも迷惑をかけることなく、なるべく相手に合わせながら生きていく、非常に丁寧で、礼儀正しく、優しい人種です。

とにかく誰かと一緒にいたがるし、一緒にいないと不安になりがちです。

これに対して、欧米は個人主義です。個人が独立していて、その上で気の合う人とつながります。良い意味でビジネスライクなのです。

変にお互いに気を遣いすぎないというドライな性格の人が多いです。

これらはどちらが良い悪いではなく、文化や人々の性格の違いによるものです。

ただ、日本人もSNSなどの浸透によって、価値観や趣味嗜好が合うかどうかなど、少しずつ個人の価値観を重視するようになってきていると思います。

会社のつき合いよりも、気の合う人だけで会ったり食事をしたりする。

気の合う人や価値観が近い人と一緒にいることが普通、それで良いのです。

うまく逃げるコツ 16

まず、自分がどうしたいかを考えよう

17 誰とつき合うかで人生は決まる

人間関係から逃げる基準

「必要のない人間関係からは逃げてしまったほうがいい」

私は一貫して、こう考えています。

しっかりと現状の人間関係を精査して、必要な関係、不必要な関係を選別しておかなければ、のちのち困ることになります。

しかし、そうは言ってもなかなか今の人間関係からは逃げられない、どの人間関係が大事で、どの関係が必要ないのかシグナルだけではわからない、という人も当然いることでしょう。大事な要素はチョイス（選択）することです。

チョイスは人生を謳歌する秘訣

結局、人生はチョイスの連続です。

選択肢が多いかどうかによって、自由にも不自由にもなります。

人間関係にも選択が必要であり、自分に本当に必要な人とつき合うことを選択すべきです。チョイスができない大きな原因は、メンタル面にあります。


今の人間関係は嫌だけど、人とのつながりが切れるのは怖い。

自分にとって価値ある新しい世界が広がっていることがわかっているのに、人に流され、用意された環境にとどまるのは、受け身のマインドです。

たしかに、自分で決めないことはとてもラクです。

しかし、それでは自分の人生を送っているとは言えません。あなたの願望は一生叶えられず、今の苦しみや悩みは消えません。

自分で決めて、自分で切り拓いていく。これが人生を謳歌する秘訣です。

自立するための収入源を確保する

そこで、私が教え子たちにまず伝えるのが、〝自分が自立できる最低限の収入は確保しなさい〟ということです。これは、なるべくなら会社からの収入だけではなく、自分自身で稼ぐ方法を見つけたほうがいいです。

たとえば、人間関係を一気に変えるために、会社を辞めたとします。

このように、なんのあてもなく強制的に人間関係から逃げたとしても、それで生活が成り立たなくなってしまえば意味がありません。

だから、自分で経済的に自立できるようになりましょう、と伝えています。

月に20～30万円を稼げれば、ある程度の生活はできます。そして、この額を稼ぎ出すことは、実は現代では思ったほど難しくありません。

たとえば、YouTubeで情報発信して、そこから広告収入を得たり、Instagramや Facebook、TikTokなどで発信をし、そこから自分のオンラインコースで何かを教えてもいいでしょう。

また、Zoomなどを使ったオンラインのコーチングやコンサルティングで自分の経験を伝えて、収入を得る方法もあります。

少しずつでいいので、自分の力で収入を確保できるようになると、自信がつき、誰かに依存する必要がなくなるため、人間関係もラクになります。

生活の基盤を持つためのプランづくりを、まず第一の目標にしてみましょう。

うまく逃げるコツ 17

いつでも逃げられるように経済的に自立しておく

18 人間関係が変化することを恐れない

直感でつき合う人を選びなさい

では、どのようにつき合う人を選べばいいのでしょうか？

それは、〝直感でなんとなく波長が会う人〟〝あなたのことを全否定しない人〟〝ネガティブなことばかり言わない人〟です。

損得勘定で嫌な人でもつき合っていると、結局はストレスが溜まり、あなたの能力は下がってしまいます。だからこそ、**人間関係は直感で取捨選択していけばいい**のです。

損得で人間関係を考えずに、自分の成長という面にフォーカスして、つき合う人を決めていきましょう。

恥ずかしい話、私自身も25歳のときに、まったく社会人経験もない中で、無謀にもビジネスをスタートさせました。7名ほどの人に英語の勉強の仕方を教えるセミナー事業から始まった小さな会社です。

25歳で起業した直後は、心の余裕がなく、損得という点だけでつき合う人を決めていた時期がありました。

そのときは、心身ともに自分を消耗させていましたし、投資詐欺にあって、大金をだまし取られるということも経験しました。

損得よりも、「一緒に成長できる関係」や「相手に価値を与える」というキーワードをもとに、人づき合いを考えてみてください。

そして特に大事なのは「自分が何を得られるか」よりも、「どんな価値を相手に与えられるか」を意識することです。

たとえば、あなたが誰かと出会ったときに、その相手があなたに何かを売りつけようと、ギラギラした人だったとしたらどうでしょうか？

正直、あまり話したくないなと感じてしまうのではないでしょうか。

逆に、出会ったばかりの人が、親身になってあなたの話を聞いてくれたり、あなたの仕事に関連のある人を紹介してくれたり、あなたが興味のあるイベントや集まりに誘ってくれたりしたらどうでしょうか？

「この人は出会ったばかりなのに素晴らしい人だな」と感激し、何かその人の役に立ちたいなと思うのではないでしょうか。

このように「**見返りを求めずに、相手に何か役に立てることをする**」という人間関係が理想的ではないでしょうか。

カテゴリー分けして優先順位をつけてみよう

慣れないので心理的な抵抗があるかもしれませんが、人間関係に優先順位をつけておいたほうが良いでしょう。

家族は別格ですが、他の人々は順位づけしておくべきです。

おそらく順位は、上位から親友、友人、知り合いとなります。この順番で、人間関係の強さを調節していってください。

親友は、月に一回程度、定期的に会い、深いことも話す仲の人です（ビジネスパートナーなども強い関係ですので、親友と同等に扱ってください）。

友人というのは、これまでに二回以上会っていて、お互い連絡先を知っている、定期的に連絡をとる人たちです（仕事仲間は友人ではありませんが、知り合いよりも一つ高いレベルの関係なので、わかりやすく友人のカテゴリーに入れておいてください）。

知り合いとは、現実でもネット上でも、一度くらいはコミュニケーションをとったことがある人です（名刺交換をした、ＳＮＳでつながった、という場合は、知り合いにカテゴリーされます）。

人間関係の変化は当たり前

人間関係は、変化していくのが普通です。

つき合いは、定期的に親密度が変わっていくものです。

世の中は常に変化しているため、人間関係も変化していくのは当然です。

学生時代と同じ人ばかりと親密なのは、まずい状況だと考えてください。

社会に出たら、人間関係は変わりますが、会社に入ったからといって、会社以外の人とのつながりがないのも問題です。

実は多くの人が、意外と長年、人間関係が変わっていないものです。

すべての人に同じように対応してしまって、いつも忙しく時間に追われる生活をしてしまっています。

これを機会にあなたも一度、自分の周りの人間関係を考えてみて、人間関係に順位づけしてみてください。

あなたの人生にとって、誰が本当に大事な1割の人なのか？　自分にとって大事な人と自分ではわかっていても、なかなかその人に時間をとれていないな、などさまざまな気づきがあるでしょう。

うまく逃げるコツ

18

人間関係に優先順位をつけておく

19 人間関係の「心の境界線」を明確にする

必要のない返信は思い切ってしない

多くの人が人間関係において、「心の境界線」を明確に持てていないのではないでしょうか？

「人間関係に順位づけしてみることが大事」と前述しましたが、次は、人間関係における心の境界線を明確にしていきましょう。

その第一歩として、電話やメールやLINE、SNSなどのすべてのメッセージを、全員に必ず返さなければならないと思い込まないことです。

仕事ならまだしも、プライベートのものまですべてに返信していては、心が休まる暇がありません。

１００％は返さなくてもいい、という割り切りが必要です。

もし返信しなくても、本当に重要なことなら、相手はもう一度連絡をしてくるはずです。

電話も、割り切ってすぐに出なくていいのです。

現代社会では、メールやチャット、ＬＩＮＥなどのメッセージアプリなどで、すべてテキストで返信が可能ですので、緊急の時以外は電話で話す必要はありません。

また、メールなどの返信が必要なときにも、急ぎで返信する必要がある内容以外は、意識して1日経ってから返信すると決めるなどの自衛策をとってください。

その代わり、ＳＮＳにしても電話にしても、親友や大切な人からの連絡には、気づいたら即返信をする、といったように人間関係に強弱をつけるのです。

誰と友情や仕事の関係を深めたいかを、しっかりと決めておきましょう。

自分の意思を伝える

「人間関係に強弱をつける」とお話ししましたが、1割の大切な人を決めて、その人には丁寧に接すると決めておくと、気持ちもラクになります。

たとえば、あなたがされて嫌なことを何度もしてくる人がいたら、あなたはきちんとそこで、自分の心の境界線を相手に明確に伝える必要があります。

具体例として、事前にチームの方針で決まっていたことなのに会議で覆された場合、次の3つの方法で伝えることができます。

①直接的に伝える

相手に嫌なことをされたこと、どのように感じたかを直接的に伝えます。ただし、感情的にならず、冷静かつ明確に伝えることが大切です。

例：「先日、あなたがチームの方針を無視して会議で決定を下したことについて、私は非常に不快に感じました。私たちはチームとして協力していかなければならないと思います」

②間接的に伝える

相手が気づかないような方法で伝えることもできます。たとえば、メールや手紙で問題を説明することもできます。

例：「先日の会議での決定について、私たちは話し合いが必要だと思いました。私たちはチームとして協力することが重要だと思います」

③第三者を介する

もし、どうしても①や②のような方法で伝えることができない場合は、上司や同僚などの信頼できる第三者を介して伝えることもできます。

例：「○○さんが会議でチームの方針とは異なる決定を下しました。冷静な判断をいただきたいので、△△さん（上司）から伝えていただけないでしょうか」

日本人は、人を許す心が育ちすぎているので、心の境界線を飛び越えられているという感覚を自覚しにくいところがあります。

だから、自分が嫌なことをされても、我慢し続けて、心の境界線の内側にどんどんそのような人を入れてしまい、結果、一緒にいると疲れてしまう人間関係が増えてしまうのです。

人間関係に強弱をつけるための自分自身のあり方

人間関係に強弱をつけるためには、自分のあり方を定めることも大切です。

そのために、**あなた自身が好き嫌いをはっきりさせるようにしてください**。

つまり、本音で相手と話ができるかどうかです。相手に合わせすぎていないかを一度考えてみましょう。

自分に嘘をつきながら嫌々つき合うくらいなら、それはやめたほうがいいでしょう。何よりも、あなたが疲れてしまいます。

もちろん、初対面からすべてをさらけ出す必要はありません。

あなたが、できるだけ自然体のままつき合える相手と関係をつくりましょう。

うまく逃げるコツ 19

自分との心の境界線を大事にしてくれない人とはつき合わない

20 強制的に関係から逃げる手法

あなたを大切に扱ってくれる人が必要

長くつき合っていたら、その関係から逃げにくいのは当然です。
恋愛だと、ＤＶ（ドメスティック・バイオレンス）をする男と別れられないのは、1人になるのが怖い、別れると一生恋人ができなくなるのではないかと考えてしまうからでしょう。

仮に、その人と何年もつき合っていれば、途中でＤＶされたとしても逃げるのはなかなか難しいです。

しかし、もしＤＶをされたのがつき合う前だったとしたら、その人とはつき合わないはずです。最初だろうが後からだろうが、ＤＶされた事実は変わりません。

あなたをもっと大切に扱ってくれる人は、この世の中にはたくさんいます。

意図的に情報から離れる

私の話ですが、幼なじみと年に１回くらい「会おう」となるのですが、会ってみると、やはり年に１回会う程度で十分かなと思います。

もちろん昔からの友人ですから、価値観を否定することはしませんし、アドバイスもしません。お互いの価値観が違うことを尊重するようにしています。

その幼なじみは、ほかの幼なじみとはよく集まって飲み会をしているようですが、私はそこには参加しません。

とはいえ、正直、幼なじみたちの集まりが気になってしまうことが、私自身あります。

そんなときに私がよくするのが、SNSのアプリ自体を1週間ほど削除して、「デジタル断食」をします。そうすると、驚くほど気持ちが落ち着きます。なんであんなに他の人のことに気をとられていたのだろうと思うほどです。

気持ちの安定を取り戻せて、そこまで気にならなくなれば、再度そのSNSアプリをダウンロードすればいいのです。

そこまで極端なことをしなくても、と思うかもしれませんが、そうすると、その人たちの存在を束の間は忘れることができます。

私たちはSNSに日常的に触れており、そして情報に触れるから、相手のことを思い出すわけです。だから、気になるけれど親密になる必要がない人の場合は、強制的に見られない環境にすれば、気にしなくてすみます。

人間は、自分と他人を無意識に比べてしまいます。

私もよくあるのですが、その結果、嫉妬してしまったり、自分はなぜあの人のようにうまくいかないのだろうと自信を失ってしまったりします。

SNSから離れ、つながらない時間をつくる

最近、〝デジタルデトックス〟という言葉が頻繁に使われています。

1週間スマホを見ない、SNSを見るのは1日1時間までにする、というようなことです。

あなたもほぼ無意識で、朝起きたらチェック、ことあるごとにチェック、移動中も寝る直前もなど、1日中スマホをチェックしてしまっていませんか?

『スマホ脳』(アンデシュ・ハンセン著/久山葉子訳　新潮社)という本がベストセラーになりましたが、現代は多くの人の集中力が劇的に低下してしまったり、自分だけ楽しいことから取り残されたくないという恐怖のあまり、1日に何度もSNSのアプリをチェックしてしまったりなど、スマホに依存してしまう現象が起きています。

私自身もデジタルデトックスを行なっており、スマホはジムやサウナに行くときには持っていかない、などのルールを決めています。

ほかにも、次のような、自分なりの小さなルールをつくっています。

・朝10時まではスマホを見ない
・ＳＮＳをチェックするのは昼休みや休憩のときの15分間だけ

私たちは、人とつながりやすくなった分、人間関係で悩まされることも増えています。

だからこそ、意図的に情報と距離をとっていく必要があります。

まずは、スマホから距離をとってみましょう。

そうしないと、ＳＮＳがついつい気になってしまい、嫌な人の存在に感情を振り回されてしまいます。

そもそも見ない。目に触れさせない。
人からの悪い影響を受けないために、ぜひ試してみてほしいと思います。

うまく逃げるコツ 20

情報は自分から距離をとることが大事。つながらないことは、むしろ自分のため

21 人間関係からはこうして逃げる

積極的に「断る」

人間関係で距離をとる方法として、SNSアプリを短期間だけ削除する、メールの返信をしない、連絡の回数を減らすなどの方法をお話ししました。

しかし、それは直接的なコミュニケーションではなく、間接的なコミュニケーション上の対処法です。

では、直接的なコミュニケーションの場合、相手と距離をとる方法はあるのでしょうか。

シンプルですが、〝誘われても理由をつくって断る〟という方法があります。

用事がある、別のアポがあるなど、礼儀を踏まえて断ればいいのです。

最初はなかなか断りにくいかもしれませんが、慣れてしまえば、心理的負担もなく、断れるようになります。


断ると出世が遅れる、仲間外れにされる、仲間との絆がつくれない、と思ってしまう人もいるでしょう。

たしかに、飲み会に行かないと、つき合いにくい人だというレッテルを貼られやすい文化は、まだまだあるようです。

しかし、自分が行きたくない飲み会に無理やり出て、我慢をする必要はまったくありません。

たとえ、他人からは多少つき合いにくい人と思われても、そこまで他人からどう思われるかを気にしないようにしましょう。**人からどう思われるかを極端に気にするよりも、自分がご機嫌でいる時間を増やすほうが、人生はうまくいくのです。**

断る方法としては、たとえば今まで月に4回、気が乗らない飲み会の誘いに乗っていたとします。それを3回、2回、と徐々に減らしていくのです。

断る理由も「今日は実家に行きます」「先約が入ってしまっています」など、簡単なものでいいのです。

何よりも、まず自分の時間や予定を優先する勇気を持って、一歩踏み出すことが大切です。

少しずつでもいいから接触回数を減らしていく

最初のうちは「あいつは冷たくなった」「あいつは変わった」「あいつは都合の良いときだけ来る」と言われてしまうかもしれません。

また、そう思われそうで怖い、という人もいるでしょう。

しかし、ここは**思い切って〝都合の良い人間〟になってみましょう**。勇気を持ってあなたにとって〝都合の良い人間〟になってみるのです。

自分を押し殺して、我慢してまで相手の都合に合わせない。最初は心地が悪いかもしれませんが、〝自分がご機嫌でいる〟ことに徐々に慣れていきましょう。

人間は本来ご機嫌でいたい生き物ですし、毎日ストレスや我慢にまみれて生きたいという人は少ないでしょう。

自分自身の気持ちを犠牲にしたり、我慢をしてストレスを抱え続けたりした結果、体や精神を壊さないようにしてください。

うまく
逃げるコツ
21

ストレスは溜めない、自分がご機嫌でいられるようにしよう

22 マイペースなキャラづくり

義務感だけで行くのならやめておく

気が乗らない、あまり仲良くないから行っても楽しめない……。親しくもないのに無理やり行かなければならないときは、嫌だなと感じることも多いでしょう。

怒られるかもしれませんが、そんな関係の人から誘われたときは、義理を感じて行かなくてもいいのです。気が乗らなければ、行かないほうが相手のためにもなります。

たとえば、行きたくないのに結婚式に招待されると断りづらいものです。でも、本音ではあまり行きたくないと思うことが多いでしょう。

そもそもあまり仲良くないし、行く意味があるのかなと思っていても、仕事関係だし、行かないとな……となることもあるでしょう。

そこで、断ると気まずくなるから……と考えないでください。

参加しなければ気まずくなると思うような関係の人とは、今後も永遠にネガティブな感情でコミュニケーションをすることになるので、この機会にひとまず逃げましょう。

それで気まずくなるような人は、今後何かあっても、また気まずくなるのです。

理想は、あなたが本当に仲の良い人だけに呼ばれる人間になることです。

仲の良い人とは、本音も冗談も言い合えて、本当に心の底から応援してあげたくなる人です。そういう人には全力でお祝いしてあげてください。

マイペースな自分を自己プロデュースしよう

嫌な人との関係を清算し、整理することをここまでお話ししてきました。

ここで、人間関係から逃げるということよりも、もっと簡単に良い人間関係だけをつくる方法をご紹介します。

それは、〝**嫌な人から利用されないキャラを自分でつくる**〟方法です。

自己演出、自己プロデュースは大切です。意識して自分にキャラづけをしていきましょう。

そして、現実でも、SNSの世界でも、自分のキャラを伝える情報を発信することです。

たとえば、健康的なことばかり発信していたら、不健康な人は自然と遠ざかっていきます。自分は毎日運動しているなどと発信すると、運動したくないと考えている人は近寄ってこなくなります。

ほかにも、価値観の合う友だちを増やしたければ、仕事や食事を楽しんでいる情報を発信してみる。

すると、あなたの価値観、感覚に近い人のみが近づいてきます。

また、あなたにとって価値のある人を見つける場合にも、相手の発信する情報が役に立ちます。

ネガティブであったり、批判的であったりと、人の性格や志向には偏りがあるので、自分が好感を持てるタイプの人のみに近づいていくようにしましょう。

こういうことをコツコツやっていくと、良い人間関係だけが構築できます。

うまく逃げるコツ
22

自分らしいマイペースなキャラづくりで新たな人間関係が構築できる

第4章

こんな人からは今すぐ逃げなさい

23 こんな人とはつき合ってはいけない

攻撃されてもまともに相手にしない

まず、自分に悪影響がある人、あなたを攻撃してくる人からは絶対に逃げるべきです。

特に、精神的に不安定な人には要注意です。

たとえば、モンスター上司、モンスター部下、モンスターカスタマー、モンスターペアレントなど、攻撃的な人からはなるべく早く離れてください。こういう人たちは、ちょっとしたことで何かとかみついてくるので大変危険です。

もし攻撃されても、真正面から受け止めず、受け流してください。

議論をしてはいけませんし、向き合ってもいけません。絶対にまともに相手にしてはいけません。

そのような状況になったときは、「そういう考え方もあるのですね」という具合に受け流し、その場を立ち去りましょう。

メンタルが強い人は、自分に攻撃してくる人を完全に無視できるかもしれませんが、メンタルが弱いと自負している人は、受け流すことを知れば、誰でも攻撃的な人から逃れることができます。

波長が合わない人は相手にしない

それぞれの〝モンスター〟もそうですが、世の中にはなぜかハッピーになりたがらない人がいます。

何事も他人のせいにする「他責の人」や、ネガティブなことや文句ばかり言う人です。そんな人につき合っている時間はありませんし、そんな人のために、あなたが心を痛める必要はありません。

また、**あなたのセルフイメージを下げるような人と接している時間も無駄です**。

会うと気分が落ちてしまう人、自分と波長が合わない人と長時間接触していると、心身ともに疲れてしまいます。

「だからお前はダメなんだ」「あいつはできているのに、どうしてできないんだ」など、あなたのセルフイメージを下げるような言葉を投げかけてくる職場環境なら、そのつながりにこだわりすぎないでください。

なかには、そのようなことを言ってくる人が、家族である場合もあります。

もしそのような環境に身を置いているようなら、家族との距離感を調整するべきです。

「ダメな人間」と言われ続けると、本当にダメな人間になっていってしまいます。

よほどのメンタルの強さや反骨心がない限り、セルフイメージを下げるような否定をされると、行動を起こしづらくなります。

その結果、何か始めるにしても「失敗するかも……」というネガティブイメージが先行して、行動を起こす機会を失ってしまうのです。

そんなの、もったいないことです。

あなたのセルフイメージを下げるような人とは、たとえ家族であっても適度な距離感を保ちましょう。

うまく
逃げるコツ
23

あなたを疲れさせる人、精神的に痛めつける人は要注意

24 身近な人間関係ほど逃げるに限る

親しい関係性でも距離をとる

親子、友人、恋人、夫婦……。

人間関係では、このようなつながりが一番軋轢を生みやすく、問題になります。殺人事件なども、近しい身内が起こすケースも珍しくありません。

なかなか逃げられない関係性のせいで、多くの人が自分の可能性を抑え込み、一歩踏み出すことができていません。

そうして、身近な人の影響をずっと受け続けています。

たとえば、親がコーヒーより紅茶を好む場合は、その子どもも同じようにコーヒーより紅茶を好む傾向があるようです。

友人に関しても、住んでいる地域が一緒だったこともあり、小学校・中学校・高校と長い時間を共に過ごしているので、このつながりに価値があると勘違いしてしまいます。

しかし実は、そこには一番大切な〝価値観の共有〟はないわけです。

恋人との関係でも、相手の精神的不安定さに引っ張られてしまいやすいですし、なかには束縛や、支配をしてくる人もいます。

親子、友人、恋人、夫婦との関係でも、あなたの成長を妨げたり、やりたいことの邪魔をしたりする人とは、距離をとっても構わないと私は考えています。

しかし、自分の世界が狭いときには、「この人がいなくなったら、自分はひとりぼっちになってしまうのではないか？」と思い悩んでしまうものです。

でも心配しないでください。**世の中にはあなたと気の合う人がたくさんいますし、趣味やスポーツや習い事などの新しいコミュニティに入って、新しい友人をつくることは何歳になっても可能なのですから。**

あなたは相互監視社会の中にいる

人間関係で重要なことは、誰といるか、誰の考えを取り入れるかということです。

日本は〝相互監視社会〟という特殊な社会を形成しています。

今までは、その社会があなた自身を守ってくれていましたが、現在はそこまで面倒を見る余裕がない社会になってきました。

社会のルールから逸脱しないように強制されますが、ルールを守ったところで、あなた自身を守ってくれる社会であるとは言いづらいのです。

「あいつは◯◯をやっている」

このように、常にチェックし合っているのが日本社会、日本人の特徴でもあります。過去、この社会的特徴から私たちは大きな恩恵を受けてきましたが、現在はそうではなくなっているのです。

この相互監視は、リアル（現実社会）でもネットの中でも行なわれます。

相互監視社会では、「あなたが何をやっているか」が常に見られています。チェックされて、あなたが突出しないように干渉されるのです。

ＳＮＳが普及した今では、より監視から逃れられない状況にあります。

以前、私の知り合いの高校教師から、「昔に比べて精神を不安定にする生徒が増えた」という話を聞きました。

たとえば、今の学生だと、クラスのグループＬＩＮＥで仲間外れにされてしまうと、学校の友人の集まりやイベントにも誘ってもらえないそうです。

本当に可哀想です。

学生でもそうなのですから、大人の世界はもっと過酷です。人間関係で精神を病んでしまう人が増えていても、不思議ではありません。

今と違う世界に逃れる

まず、あなたには、〝世界は広い〟ということを知ってほしいと思います。

精神的に追い詰められるくらいなら、学生であれば転校するのも一つの手段ですし、大人なら違うコミュニティを探せばいいのです。

別にLINEで仲間外れにされても、無視されても、たいしたことではないと知ってください。

私にもいじめられた経験があるので、そのときは死にたいくらいつらい思いをするかもしれないことは想像できます。そんなときは恥ずかしいかもしれませんが、勇気を持って親や信頼できる友人、学校の先生やオンライン上などで相談してみましょう。

きっとあなたを助けてくれる人がいるはずです。

もし転校できないのであれば、学校に行かなくてもいいのです。本当に学びたいのであれば、通信制の学校やオンラインスクール、夜間学校という選択肢もあります。今の学校に通うことがすべてであるはずがありません。

学校をやめると、社会に出たときに、履歴書などで評価が下がるのではないかとも思ってしまいます。しかし、社会に出れば、選択肢は会社員だけではありません。会社員ではなく、いきなりフリーランスになる方法もあります。アーティストにはそういう人も多いです。ライター、デザイナー、ウェブ系、エンジニアなど、フリーランスになる人は増えていますし、多様化する社会ではこれからもっと増えていくと思います。そのときに学歴で仕事を頼む人なんてほとんどいないでしょう。

学校に行かなかったからといって、気にすることはありません。そんな後のことを考えるより、今つらいのなら、今を大事にしてください。

今の人間関係に違和感があるのなら、絶対に違う世界に移動したほうがいいです。価値観を一つでも共有してさえいれば、新しいコミュニティはあなたのことを必ず歓迎してくれます。

一つのコミュニティでうまくいかなかったとしても、気にする必要はありませんし、新しいコミュニティはいつでもあなたの参加を待っています。

コミュニティは、価値観を共有できる仲間を一人でも多く欲しがるものです。

うまく逃げるコツ

24

「監視社会」から抜け出して、新しいコミュニティに入る

25 何かとやる気を削ぐ人からは逃げる

あなたの足を引っ張る人とはつき合わない

何かにつけて、ネガティブなことばかり言う人をよく見かけます。

そういう人は、あなたを批判したり、文句ばかり言ってきたりする傾向にあるので、つき合うべきではありません。

そういう人が近寄ってこないよう、ポジティブな情報発信、言動をするように心がけてみてください。

ネガティブな性質の人には、「この人は自分には合わないいな」と思ってもらうことが得策です。

もし、あまりにもネガティブな人が、よくあなたに近寄ってくるのであれば、普段のあなたの言動が、ネガティブな性質の人を引き寄せてしまっています。これは、人は環境や言葉に引っ張られ、とらわれてしまいます。これは、どんなに意志が強い人でも同じことです。誰もが引っ張られます。たとえば、

「あなたのこういうところが良くないのではないですか？」

「現実的に無理ではないですか？」

このように、あなたの粗探しばかりをしてきて、やる気や行動力を下げる人とはつき合うべきではありません。

こういった否定的な人は、世の中にはたくさんいます。

また、「一般的には◯◯」というように、ジェネラライズ（一般化）してくる人もいますので注意が必要です。

これらのことを言う人は、何か新しいことをしようとすると、足を引っ張ってきますので注意してください。

常に自分を主張する人

常に正義感を振りかざし、正しくあろうとする人とも、関わらないほうがいいでしょう。

楽しさよりも、正しくあろうとする人が必ずいます。

正しさで物事を判断してしまう人です。正しさのみを判断基準としているため、そこから少しでも外れると、反対してきます。

しかし、そういう人ほど、言うこととやることの一貫性が保てていないことが多いです。

そもそも私たち大人は、白黒はっきりしない、答えのない世界で生きていて、答えを自分自身で見つけなければなりません。**必ずしも、正しいことが正解とはならないのです。**

法律違反や犯罪などは論外ですが、自らが考える正しさだけにこだわる人は、前例に従うだけの、成長を求めない人だとも言えるかもしれません。

また、同じように、自分の話ばかりする人も避けたほうがいいでしょう。誰もが自分の話を誰かに聞いてもらいたいものです。しかし、自分の主張ばかりしてくる人とつき合うのは、聞いているこちらがぐったりしてしまいます。「お互いに価値を創造していこう」という意識がないことが多いですし、その人はあなたの成長などまったく考えていません。自分さえ良ければいいと思っているからです。

うまく逃げるコツ 25

自分の意見が常に正しいと考えている人からは逃げていい

26 自分のことしか考えない人からは逃げていい

他人の時間や夢を奪う人からは逃げていい

前述した自分の話ばかりする人を〝時間泥棒〟〝ドリームキラー〟と呼びます。あなたの成長を止める人々です。

時間泥棒は、あなたの時間を奪い、成長の邪魔をする存在です。

ドリームキラーとは、その名のとおり、あなたの夢の実現を邪魔する存在です。

また、その人は成長したあなたを元の状態に引き戻そうとしたり、成長しようとすること自体を否定したりする人です。

こういった人とつき合うことは、百害あって一利なしです。

何より、あなたのマインドがそれらの人に支配されてしまいます。

時間泥棒とドリームキラーは、自分の意見を相手に聞き入れさせたいという意識を持っていますので、あなたに否定的な態度ばかりとります。

ひたすら自分の話を聞いてほしい、自分のことしか考えていない、あなたから何かを奪うだけの人との関係は、できる限りゼロに近づけていかなければ、あなたの人生は取り返しがつかないことになります。

実は何を隠そう私自身が、時間泥棒やドリームキラーになってしまっていた時期がありました。

起業1年目は売り上げや利益のことばかりを考えており、自分の仕事のことしか考える余裕がなく、ライバルの成長に恐怖を感じていたのです。

この感覚で1年間を過ごしたのですが、なかなか目標も達成できず、このままではまずいと思うようになりました。

その当時の私のような人間に関わろうと思う人はいなかったのです。今考えるとお恥ずかしい限りです。

そこで、2年目からは意識を変えることにしました。

自分の成長のためにも、他者への心遣いを意識するようになったのです。

特に、起業家や経営者の懇親会では、自分なりに相手への心遣いを大切にしていきました。


そうすると、共に成長する仲間ができ、私に協力してくれる人ともつながれるようになっていきました。当然、ビジネスも飛躍し始めたのです。

自分が人に役立てるように意識することで、自分だけではなく、共に成長していく、お互いに協力し合う、何かできることや価値を与え合う、そういう人たちとつながれるようになりました。

つき合うべきは自分を成長させてくれる人

このいい流れが生まれ始めてからは、自分を成長させてくれると感じた人には、積極的に近づいて、自分からコミュニケーションをとるようになっていきました。

「You are not a tree」

アメリカにこういう格言があります。

「あなたは木ではないのですよ。根っこがあるわけじゃないのですから」

という、人間関係に文句ばかり言う人への教訓です。

「僕らは木じゃないんだから歩こうよ、今いる場所が嫌なら、違う場所に行ってみよう、そしてそこで積極的にコミュニケーションをとっていこう」

という意味です。

人間関係で、人生は本当に変わります。人間関係で多くの人が損している一方で、人生を飛躍させている人もいます。
今の関係から離れられないと考えている人は多いですが、その思考から解き放たれることが、自己実現のための秘訣です。

うまく
逃げるコツ
26

お互いに成長できるかがカギ。
それが望めないつき合いはしない

27 あなたから「奪う人」からは逃げる

3種類の人間

人間関係を考える場合、次の3種類があります。前述した「時間泥棒」や「ドリームキラー」は②の〝テイカー〟に該当します。

①**ギバー**

ギバーとは、与えてくれる人です。ギバーの人とつき合うべきです。

②**テイカー**

テイカーとは、時間や可能性を奪っていく人です。

あなたと対等につき合っているように見えて、実は自分のことしか考えていません。世の中に結構多くいるタイプでもあります。

後述しますが、テイカーとはつき合うべきではありません。

③ヴァンパイア

そして最後は、ヴァンパイアと言います。

エネルギーを奪う人、お金を奪う人です。

この存在が一番やっかいです。特にエネルギーヴァンパイアという存在は、とにかく時間を奪っていきます。テイカーは時間や可能性を奪うだけなのですが、こちらはすべてを吸いつくそうとしてくるのです。

具体的には、ネガティブオーラを放っている、いかに自分が不幸かをひたすら話してくる、自分ができない理由を話してくるなどです。

テイカーから離れる

ヴァンパイアタイプの人はそこまで周りには多くいないかもしれませんので、一番多くいるタイプのテイカーとはどのような人なのかと、その対策方法を中心にお伝えします。

まず、批判や悪口といった愚痴やネガティブなことをよく言う人は、テイカーである可能性が高いでしょう。テイカーとわかったときは、絶対に深い関係をつくらないようにしてください。

何度も言いますが、**今ある人間関係がすべてではありません。嫌な関係からは、思い切って逃げてしまっていいのです。**

テイカーが近づいてきたら、まずは受け流すこと。そして、距離をとってください。嫌なことを言われたら、聞こえないふりをしてもいいのです。

テイカーとわかれば、たとえ昔からのつながりであっても大事にしなくていいのです。

今のつながりを必ずしも大事にしなくていい。違和感のあるコミュニティに、わざわざいなくてもいいのです。

人間は環境に影響される

人間関係では、あなたが成長できるかどうかが何より大切です。

ただし、ここで一つ注意点があります。それは、人間は上昇するときも、下降するときも違和感を抱いてしまうということです。

人間には心地良いと感じる領域があり、そこからはみ出すと居心地が悪くなります。つまり、現状を変化させると、なんとなくおかしな感覚になるのです。

成長しているときもそうですし、逆に悪い方向に行っているときにも感じます。

たとえば、年収５００万円の人が２０００万円を稼げるようになると、それはそれで居心地が悪くなりますし、300万円に下がっても居心地が悪くなるのです。
居心地の悪さが、下の方向（悪い方向）に引っ張られているからなのか、上の方向（良い方向）に引っ張られているからなのかを見極めることが大事です。

上の方向に引っ張られているときは、価値観の合うコミュニティとの接触を増やし、そのコミュニティの思考に慣れていくことが大切です。

下の方向に引っ張られているときは、今の環境を変える必要があります。

いずれにせよ、人間は環境に影響を受けてしまうので、どこのコミュニティに属するかで、人生の多くが決まります。だからこそ、誰とつき合うかということが本当に大切なのです。

コミュニティの中では、自分もこの人みたいになりたい、この人にできるなら自分にもできるんじゃないか？と思える場所にいることが大切です。

人間関係で我慢はしなくてもいい、気を遣いすぎなくてもいい、ということを忘

れないでください。

あなたの人生は一度きりです。

思い切って自分をご機嫌にするために動いてみましょう。

うまく逃げるコツ

27

自分をご機嫌にする人間関係を探してみよう

28 場合によっては嫌われ者でいい

好き嫌いをはっきりさせる

テイカーの人と距離をとり始めると、「こいつ、私のことを軽く見やがって」というように、逆恨みしてくる人も現れてきます。

あえて敵をつくる必要はありませんが、あなたの気持ちを相手がどう受けとるかはその人次第なので、あなたがコントロールすることはできません。

たとえば喧嘩の仲裁など、逆恨みされる可能性がある人間関係からは静かに逃げましょう。

あなたの人生をよりご機嫌に送るには、実は好き嫌いをはっきりさせるほうが得策です。八方美人だと何を考えているのかわからないので、最終的には誰からも相手にされなくなる可能性が高いからです。

好き嫌いをはっきりさせていると、あなたにとって嫌な人は近づいてきません。

コミュニティを大事にする意味として、「価値観を共有できる人が集まる」とお話ししましたが、その価値観とは〝好き嫌い〟だとも言えます。

自分の好き嫌いをはっきりさせないと、価値観の合う人は寄ってきませんし、逆に価値観の合わない人が寄ってきてしまいます。

つまり、時間やお金、可能性を奪うテイカーを呼び寄せてしまうのです。

テイカーに騙されない

また、テイカーに騙されやすい人も、注意が必要です。

たとえば、NOとはっきり言えない人、断れない人、相手の圧力に負けてしまう人、こういう人は能動的ではなく受動的な人です。

残念ながら受動的なままですと、何でも他人の言いなりの人生を送るハメになり、自分の理想の人生を送ることができません。

まずは小さなことからでもいいので、好き嫌いをはっきりさせて、人間関係を自分で選ぶという感覚を身につけることが重要です。

うまく逃げるコツ 28

人間関係から逃げるには好きか嫌いかを意識する

29 大切と思っていた関係でも逃げていい

学生時代の友人からは逃げていい

きつい言い方になるかもしれませんが、現状の人生に悩んでいて、少しでも変わりたいのであれば、学生時代の友人の多くからは基本的に逃げていいでしょう。もし、今も定期的に会っているのであれば、なおさらです。

自分と向いている方向が同じであったり、価値観が合っていたりするのであれば、継続してつき合うべきですが、成長しようとするあなたを否定するのであれば、距離をとってみましょう。

その理由は、学生時代からの友人とつき合っていると、学生当時のキャラクターがそのまま当てはめられやすくなるからです。

人によっては、学生時代のキャラの延長で、そのままイジられている人もいます。その人たちと会うと、急にその当時のキャラに戻されてしまいます。

もしあなたが、それを良しとしているならいいのですが、もしイジられることに対して今も違和感があるのだとしたら、なおさら会わないほうがいいでしょう。

新しい自分になるためには、昔の関係からはいったん逃げてしまいましょう。

昔の知り合いと接すると、どうしても当時の状況に戻ってしまいます。

せっかく、今のあなたは変わろうとしているにもかかわらずです。


私自身も知り合いに会って、昔の感覚に戻ってしまうことがよくあります。

独立してすぐの若い頃に会った知人は、その当時のイメージで自分を見ます。昔からの友人で先輩風を吹かしている人の中には、今も同じような態度をとってくる人もいます。

独立してから15年経つと、変わっている人もいれば、変わっていない人もいます。

変わっていない人は、どんなに今のあなたが成長していたとしても、「昔は俺のほうがすごかった」とマウントをとってくるのです。

そういう人とは適度に距離をとってつき合いましょう。もし、そのマウントがあまりにひどいときは、その人間関係からは逃げていいのです。

自分が正しいと思う道を突き進もう

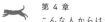

本来つき合うべき人は、あなたが「自分もこうなりたい」と思える人たちです。
たとえば、今あなたが会社員で、今後は経営者になりたいのだったら、こうなりたいと思える経営者の人を中心につき合ってみてください。
あなたと同じ立場の会社員と話をしていても、残念ながらどこまでいっても話は平行線です。
自分は会社員でいいと思っている人と、会社員だけどいつかは独立したいと思っている人の価値観が合わないのは当然です。

その土台で独立したいという話をしても、なかなかわかり合えません。そういうところに多くのエネルギーを使わないでください。

どうせ使うなら、あなたが面白そうと思える人や、あなたがやりたいことをすでにやっている人に時間やエネルギーを使って、お互いに高め合える関係を続けてください。

自分が正しいと思う道を行けばいいのです。否定をしてくる人とは会わなくていいし、話を聞かなくていい。その人にあなたをコントロールする権利はないからです。

うまく逃げるコツ
29

過去の自分のキャラクターを今にそのまま引きずらない

30 身近な人たちからの逃げ方

恋人からも逃げていい

今、恋人とつき合っている場合、こんな状態の相手とは距離を置きましょう。

・自分の夢を応援してくれない人
・何かやろうとするといつも反対する人
・「やめたほうがいいよ、危ないじゃないの」と決めつけてくる人

たとえば、相手がマウンティングしてくる、恐怖で支配してくるような人なら距離を置くべきです。そういう行動をとるのは、自信のなさの表れだからです。

恋人とは一緒にいる時間が長いものです。

だからこそ、ネガティブすぎたり、マウンティングしたりするような人はやめたほうがいいです。お互いに高め合えるようなパートナーでなければいけません。

また、同じような理由であれば、夫婦であっても逃げていいと思っています。あなたの可能性を理由もなく閉ざしてくる人とは距離を置きましょう。

夫婦であれば、家庭設計や将来設計などがありますが、子どもがいる場合に悪い夫婦関係が続くようであれば、子どもにも悪影響を与えてしまいます。


私のセミナーに参加する人にも、夫婦関係で悩んでいる人は多くいます。その場合、必ずどちらかが足を引っ張っています。

とはいえ、夫婦の場合は逃げたらまずそうな気もしますし、それをするにはエネルギーも必要です。それでも、絶対に逃げたほうがいい場合があります。

それは147ページで紹介した、相手がエネルギーヴァンパイアだったときです。

せっかく芽生えたやる気やエネルギーなどを吸いつくされ、ネガティブ感情ばかりを一方的に押し付けてくる場合は、ひとまず実家に帰るなど距離を置いて離れてください。

義理の両親などからも逃げる

義理の両親の中には、いろいろと言ってくる人もいます。

もし、あなたの家庭や教育方針や人生計画などを否定してくるときは、この人たちとも会わず、物理的に距離を置くことが大事です。

近くに住んでいる場合は、可能であれば引っ越しましょう。

義理の両親や親戚と頻繁に会う人はそういないかもしれませんが、なかにはマスオさんのように、義理の両親と同居している人もいます。一緒に住んでいなくても、近くに住んでいると、嫌でもそういう道をたどってしまいます。

ママ友問題はどうするか

幼稚園では、毎年PTAの役員や、クラスでの係を決める会合が開かれるそうです。さらに、バザーやお遊戯会、運動会などの係になってしまうと、仕事量も多く、とても大変です。係を決める会合では、誰もなかなか手を挙げないので、結局、優しい方、人がいい方が引き受けることになります。

このように、気が弱い人、優しい人、いい人ほど我慢することになります。

でも、**もうあなただけが損な役回りをする必要はありません**。

そのような状況になったら、一度だけでいいからしっかりと主張して、「ちょっと話し合いをしませんか？」と提案をしてみてください。

うまく逃げるコツ

30

身近にいる人間関係も一度考え直してみる

31 家族や親戚からの逃げ方

親の言うことを聞かないキャラをつくる

前述しましたが、とにかく今、実家住まいの人は、そこから飛び出してください。人生を変えたいのなら、親との距離をとるべきです。実家を出るなら本書を読んだ今が絶好の機会です。

今、実家暮らしの20代、30代は驚くほど多いです。

親と一緒にいたら何も考えなくてすみます。家賃のことも、生活費のことも、食事も、何もかも考えなくてすみます。

親にとって子どもは、成人してもずっと子どものままです。思い切って何かを変えようとすると、最初は否定される可能性が高いのです。親としては子どもが挑戦したり、新しいことをしたりするのは危険なことだから、やめてほしいと思ってしまうものです。

これは、子どものためを思って言っていることなので、責められない部分があります。しかし、だからこそ困った問題でもあるのです。

そうは言っても、実家を出ることはなかなかハードルが高いと思う人もいるでしょう。もしかしたら、家業を継がなければならない人もいるかもしれません。

そういう人は、親の言うことを聞かないキャラを自ら設定し、演じてみてほしいと思います。意見を言う必要はありません。あなたの成功にブレーキをかける言動を聞かないようなキャラ設定にするのです。

親はもちろん大事にするべきですが、親との過剰な依存関係は、百害あって一利

なしです。経済的、精神的な依存関係を抜け出すことがまず大事です。

精神面まで親に頼っていると、あなたのメンタルは子どもの頃のままです。

兄弟姉妹こそ逃げ方が大事

兄弟姉妹間の関係は、うまくいかなければ心身ともに消耗します。

もし、実家に兄弟姉妹とあなたのどちらも住んでいるなら、あなたが家を出ることで距離がとれます。

兄弟姉妹の関係からは、親と同様に完全に逃げることはできませんので、家を出られない場合は、連絡をとる頻度を減らすことで距離をとりましょう。

兄弟姉妹から、いつもあなたのことを否定されていたとしても、ずっとその意見を聞き続けなければいけないと思い込んではいないでしょうか？

しかし、それではいつまで経っても距離は近いままです。

もし、相手があなたのことをいつも否定するのであれば、あえて返信をしないということをしてみてください。

「ごめん、忙しくて返事が遅くなってしまった」

関係が悪化するぐらいなら、こう答えておいていいのです。

特に、真面目な人ほど、兄弟姉妹のことにはいろいろと口出ししてしまうものです。

あなたがどの立場にいるのかはわかりませんが、いつも否定されるのなら逃げていいのです。

うまく逃げるコツ

31

家族や兄弟姉妹があなたの成長を阻んでいるときもある

32 どんな関係でも無理だと思ったら逃げる

お客さんであっても逃げていい

ときには、取引先、仕事先のお客さんからも逃げてしまっていいと思います。

接客業の場合は、ほかのお客さんに迷惑をかける、文句しか言わないお客さんとの関係からは逃げましょう。「俺は客だからなんとかしろ！」と言う人は、なおさら避けてください。この場合、最善の方法は責任者に対応をお願いすることです。

もし、あなたが責任者の場合は、このようなお客さんが来たときは、受け流す対応をすることをお勧めします。

そのような態度をとると、そのお客さんは二度と来ないかもしれませんが、ほかのお客さんやスタッフに迷惑をかけるくらいなら、実はそれでいいのです。

お客さんにも新陳代謝が必要です。どのような業種でも、本当に良いお客さんは長くお客さんでいてくれて、サポートもしてくれているはずです。全方位に気を遣うくらいなら、逃げたほうが逆に濃いお客さんが生まれていきます。

応援したい、また来てほしい人をお客さんにしたほうがいいのです。

この人には、次回はこんなサポートをしてあげたい、と考えるほうが顧客満足度も高く、最終的に良い結果が生まれやすいです。

そのためには、基準をつくることが大事です。自分はどういう人をお客さんにしたいのか、つき合いたいのかということを明確にしてください。


たとえば、ホテルがそうです。考えてみると、宿泊できるという意味では、どこのホテルでも同じです。

しかし、ホテルの価格帯はさまざまです。接客や清潔感、立地などで一定の基準を設け、それに見合ったサービスの対価で価格をつけています。

高級なホテルで部屋が汚い、サービスが最悪ということはまれでしょう。ホテル側は、いただいた費用に対しての対価分を提供しています。

宿泊費がとても安いホテルの場合は、サービスがそこまで良くなかったとしても、「安いしこんなもんか」となることが多いはずです。

ホテル側も価格でお客さんを選んでいます。

こんなお客さんや取引先からは逃げればいい

過剰な接待を求めてくる、セクハラやパワハラをしてくる取引先や、迷惑をかけてくるお客さんからも、思い切って逃げてしまいましょう。

なぜなら、無理して関係を続けていても、後々悪化するからです。将来大きな問題が起こるくらいなら、今スパッと距離を置いたほうがいいです。

代わりに、その時間で新しい取引先やお客さんを見つけたほうが得策です。

つき合う人のハードルを高めておき、悪い取引先やお客さんとのつながりができにくいよう対策をしておいてください。「こういう取引先やお客さん以外は相手にしない、対応しない」という基準を自分の中に持っておきましょう。

たくさんの悪い取引先やお客さんより、少数のいい取引先やいいお客さんを大切にするほうが、ビジネス的にもいい方向に行きます。

会員制のバーなどは、やっかいな人が来られないように紹介制になっています。選ばれた人しか来られないようなビジネスでも、うまくいっている例はたくさんあるのです。

うまく逃げるコツ
32

対応するお客さんは自分で決めていい

33 平行線のつき合いはやめる

本音で話せる人を探せ

この章の最後に、一部Q&A方式でまとめて解説します。

Q1：今の自分と同等な人とつき合ったほうがいいのか、自分よりもっと上の位置にいる人とつき合ったほうがいいのか。

A1：一緒に成長し合う同等の仲間も大事だし、あなたに何かを教えてくれ、刺激を与えてくれる人も大事です。

Q2：その2つのタイプに該当し、たまに違和感を覚える人の場合は、そのままつき合ったほうがいいのか。

A2：こういう場合は判断が難しいのですが、やはり距離を置くか、頻繁に会わないようにしましょう。

Q3：本音で話せるという意味では、学生時代の友人、サークルの友だち、アルバイト仲間、恋人、親や兄弟姉妹……、こういった人とはどんな場合も関係を続けるべきか。

A3：前述しましたが、本当につき合うべきかしっかり吟味してください。自分と進んでいる方向が同じではない、価値観が合っていなければ、たとえ親や兄弟姉妹であっても、一定の距離をとるべきです。

職場でキーパーソンを探せ

ほかにも、**社会人で仕事上の人間関係に悩んでいるのであれば、その解決策として、職場で1人、味方をつくってみてください。**

その1人とは、どんな人が良いのでしょうか。

私は、「無条件であなたを受け入れてくれて、ある程度、力がある人」が良いと考えています。できれば、マネージャー的ポジションの人や、経営者が理想です。

その人にさえ信頼されれば、極論ではありますが、他の人には嫌われても大丈夫です。

どんな仕事をしていたとしても、信頼できる人がいれば、安心感が得られ、心の状態が安定します。

そういう人と一度、信頼関係が築ければ、前述した、逃げたいお客さんが会社に来たとしても守ってもらえますし、社内の人間関係で何か起きたときにも心強いものです。

私自身そういった人がいたからこそ、今の自分があると考えています。

全員と良い人間関係を構築する必要はありません。

あなたにとってのキーパーソンを探し、その人とのつながりを強くすることだけを考えてみてください。

うまく逃げるコツ 33

味方になってくれるキーパーソンをみつける

第5章

1割の人間関係を大事にする

34 良い人とのつながりを育てる

この人から学びたいと思った人とどんどんつき合う

ここまで、人間関係を整理する必要性、好き嫌いで人間関係を選ぶことの効果、つき合ってはいけない人の特徴、などをお話ししてきました。

人間関係の質を重視して、つき合う人数を減らすことの大切さはわかってもらえたかと思います。

ここでは、良い人間関係のつくり方を私自身の経験とともにお話しします。

私は、「この人から学びたい」と思った人とは、今までどんどん会うようにしてきました。

ときにはランチに誘い、ときにはお茶に誘いながら、良いつながりをつくってきたのです。特に起業した当時は積極的にやっていました。

しかし、つき合う人を増やす一方で、同時に関係を見直すこともしてきました。

こうすると、良い人間関係ができる一方で、スケジュールに空きが生まれてきます。意図的に人との距離をつくっていくことで、時間が生まれるのです。

そして、その空いた時間で、今までつき合ってこなかった自分にとって必要な人との予定を入れていきました。自分のレベルを高めてくれるような人とのつき合いを始めるのです。

自分が得たい結果を出している人とつき合う

私は以前、アメリカの成功している経営者からこういう教えをもらいました。

それは、「億万長者をランチに誘うこと。そして、絶対に１人でご飯を食べてはいけない」というものです。

これは、良い人間関係を構築する上で、とても大切な教えです。

なぜなら、ランチは成功者とつながるために最も効率的な方法だからです。お昼ご飯はほとんどの人が食べるので、誘っても断られにくいという点があります。

さらに、ランチの時間は限られています。せいぜい1時間くらいでしょう。

そう考えると、お互いにとって時間的なリスクも少ないというメリットがあるのです。


人を誘うことは、最近では難しいことではなくなってきました。

SNSなどでも「この人は興味深いな」「この人は素晴らしいな」と思った人をお誘いすることができます。

とはいえ、いきなりランチに誘ってはいけません。

まずは、メッセージやコメントで、相手の考え方や行動に感銘を受けたことを伝えてください。

また、できればあなたが相手にどんなことで役に立てるのかなども具体的に伝えたほうがいいでしょう。その上で、「もし、よろしければランチに行きませんか?」とオファーするのです。

よく「情報交換をしませんか」という誘い文句で、つながりをつくろうとする人がいますが、これは得策ではありません。相手の地位が高ければ高いほど、相手にされないからです。すでにある程度の地位がある人は、あなたから情報をもらわなくても、ほかの誰かから良質な情報をもらえます。

だからこそ、いきなり会おうとするのではなく、感銘を受けたことを表現し、伝えることです。そして、「ぜひ、学ばせてほしい!」と教えを請う姿勢が必要です。

相手に会う目的が明確であることが大事です。

その後、ランチに誘います。もちろん、ランチはあなたがご馳走しましょう。

そうしなければ、相手に金銭的なデメリットがあるかもしれないと思われてしまいます。

可能なら、事前に相手のオフィスを調べて、移動時間を多くかけさせないように、その近くのレストランを予約しましょう。

また、それができないのなら、相手の希望の場所を聞き、リクエストに応えるようにしてください。相手の移動のリスクも取り払うべきです。

起業当時の私は、ランチやお茶に人を頻繁に誘っていました。

最初は、私が興味を持っていたコーチングの講演やセミナーのメーリングリストに入っている経営者や、成長意識の高そうな人に手当たり次第連絡していました。

私は起業当初、右も左もわからない若者でしたが、その過程で素晴らしい経営者の先輩たちに出会い、人生や仕事のイロハを教えてもらったり、よくやりがちな失敗やうまくいかない方法を先に教えてもらったりしたおかげで、余計な回り道はしなくてすみました。

うまく
逃げるコツ
34

自分目線ではなく相手目線で誘おう

35 つき合いたい人はここにいる

最初に会ったときの感覚で判断しないことも大事

私は多くの人とランチをして、世界が広がりました。その中には、世間一般的に成功者と言われる人や、出会った当時は普通だった人もたくさんいます。

私には、ランチをして印象に残っている人がいます。

とても素晴らしい人なので、今も一緒に仕事をしていますが、出会った当時は大学生で、経営やマーケティングの勉強をしていました。

勉強熱心で、今では、その人の当時からの夢だった、とても優秀な歯科医向けのコンサルタントになっています。

当然、私の仕事にも何度も協力してもらっています。

出会ったときに成功者になっていなくても、自己成長意欲があり、変化したいと強く願っている人とのつながりは大切にするべきです。

数年経つと大きく成長し、華麗に転身して別業界で成功することがあります。

現在成功していないから、この人はあまり成功しないのではないかと、身勝手な感覚でジャッジしないことです。たった1、2年で大成長し、その業界を大きく変える人はたくさんいるからです。

成功者だから大切に扱う、まだ成功していないから雑に扱っていい、というようなことはせずに、相手によってコミュニケーションを変えないことが大切です。

相手を逃さない話題のつくり方

会いたい人と直接交流することができたときには、具体的にどんな話をすればいいのでしょうか。

私はこんなとき、読んでいる本について、よく質問していました。

読んでいる本の傾向をつかみ、同じ本を読んでいくことで、思考と行動を似せることができるからです。また、「どういうきっかけで起業しようと思ったのですか？」など、人生の転機についても質問しました。

人生の浮き沈みを聞くことで、飛躍と失敗のパターンを知ろうと思ったからです。

実は、こういう人生の転機については、相手も話したい部分があるので、深い話を聞くことができます。

また、別れ際に必ず聞いていたのが、「この人に会っておいたほうがいいという人はいますか？」ということです。成功者が勧めてくれる人ですので、素晴らしい人物であることが多いものです。

加えて、話を聞くときのポイントは、良いリアクションをすることです。

メモをとったり、うなずいたり、驚いたり。ほめたりしながら聞くことも大切で、そうすると相手も喜んで話してくれます。

成功者とは親密な関係をつくることが大事ですが、**相手によってはゆるやかなつながりにしておくことも有効です。**深い人間関係にならない分、仲が悪くなることもないからです。

だから、たとえあなたにとっての大切な1割の人だと思った人でも、相手のタイプによっては、つき合い方を吟味してください。

ほどよくつき合うことが正解の人間関係もあるのです。

うまく逃げるコツ
35

興味がある人には自分から質問していく

36 あなたに有益なコミュニティに入る

どんな人がいる「コミュニティ」なのかを重視する

場所やコミュニティは、あなたにとって、とても重要です。あなたが成長するためのカギとなります。

前述しましたが、ここでもう一度お伝えします。コミュニティとは、〝同じ価値観を持つ仲間〟のことです。

コミュニティは、使命を共有し、お互いを助け合い、生き延びるための運命共同体です。

どのコミュニティにいるかで、人生は決まってしまうと私は考えています。

たとえば、健康になりたいのなら、ジムなどで体を鍛える仲間をつくることで健康に近づけます。

もし、自分の成長にフォーカスしている人が会社にいないのなら、新しいコミュニティ、人間関係を探しに出発しなければならないのです。

「自分はどんな人間になりたいのか」で、人間関係を考える必要があります。

今の時代は、自分と同じような考えを持つ人とつながりやすくなっています。コミュニティが人生を左右しているというのは、感覚的に理解できるでしょう。

起業家は起業家の仲間とつながります。つまり、起業家になりたいのなら、ビジネスがうまくいっている起業家と積極的につき合うべきなのです。

そこに価値観を共有できる人がいること

たとえば、アップルユーザー同士のつながりも一つのコミュニティです。自分以外の誰かがアップル製品を使っていると、少しうれしい気分になります。コミュニティに属している感覚になるからです。ハーレーダビッドソンというバイクに乗るユーザーにも、同様の現象が見られます。

そういう同じ方向を向いた人たちと集まったほうが、これからの時代は良い効果が生まれるのです。

違う価値観の人たちが集まり、ある規則の中で自分を押し殺しながら努力を重ねていくという集団は、これからの時代、うまく運営していくことが難しいでしょう。

自己実現をしていく人は、方向性が同じ人間が集まる集団に入っていきます。自分を成長させてくれる人間を探しにいくわけです。

そしてコミュニティでは、過ごした時間の長さではなく、過ごした時間の濃密さが重要です。

私自身は、ヴァージン・グループの創設者でもあり、素晴らしい起業家でビジネスの世界でも権威である、リチャード・ブランソンの「マスターマインド」という

うまく逃げるコツ 36

そこに集まる人はあなたと方向性が同じであるかが大事

コミュニティの中にいます。そこはビジネスの成功など、同じ価値観を共有している人々が集まり、旅行をしながらいろいろな話をしています。

人間は同じ時間と場所、価値観を共有したときに仲良くなれます。

私たちは、時間と場所を共有する集団に所属することがほとんどですが、そこに集まる人に決定的に足りないのが〝価値観の共有〟です。

価値観が合うことが一番重要です。

価値観が合うとは、そこに共通言語があるかどうかということです。その集団では、共有できる言葉が、当然のように理解されるということが重要です。

37 広げた人脈にこだわらない

「とりあえず」を頻繁に使う人は人脈には加えない

人脈づくりのために集団に入るにしても、自分へ投資をするという考え方を持ったほうが良いでしょう。

無料の集団には、前述したいわゆる〝テイカー〟、つまり奪いにくる人が多いです。

テイカーは、あなたの時間や可能性を奪おうとしてくるので、絶対につき合ってはいけませんし、なるべくなら出会わないように工夫しなければなりません。

テイカーの口癖は「とりあえず」です。

「とりあえず情報交換しましょう」「とりあえずお酒でも飲みに行きましょう」「と

りあえずビジネスを一緒にやってみませんか」

このように、「とりあえず」を頻繁に使う人には注意が必要です。

逆に、**価値を与えるギバーこそ、つき合うべき人です。そして、良い人間関係を築きたいのなら、あなた自身もギバーになるべきです。**

ギバーとは、与える人のことです。エネルギー、時間、お金、あなたの将来の可能性を与えてくれる人とつながってください。

周りには、あなたの可能性を開いてくれる人がいる集団と、可能性を奪う集団が存在しています。ギバーは、どんな場所にいても常に与えることを考えます。

ギバーの多い集団に入り、あなた自身もギバーとしてその集団に貢献すると、良い相乗効果が生まれます。

広げた人脈は絞り込みをする

「人脈を広げよう」とよく言われています。

だから、どんどん広げなくてはいけないと思っている人も多くいます。

年代にもよると思いますが、20代だったら自分が興味のあるコミュニティやオンラインサロンに入会したり、学びたい内容のセミナーに出かけたりして、人脈を最大限に広げてください。そして、30代はそのまま走ってください。

もし、40代までに良い人脈が築けなければ、再度、人脈を広げる必要がありますが、40代からは徐々に減らしていく感覚も必要です。

たしかに、人脈は広げるべきです。しかし、**人脈を一度大きく広げたあと、関係を深めていったら、最後に狭めることも必要です**。

つまり、多くの人と知り合い、選別し、つき合う人を決める必要があります。

では、つながりを持つ人は、何人くらいがベストなのでしょうか。

自分の大事な親友は、5人くらいになってくるのではないかと思います。

たとえば、5人の親友がいたとして、その人たちと月に一度会うことになったら、月に5日は潰れてしまいます。平日に仕事をしていることと、自分の時間も必要なことを考えれば、やはり5人くらいが理想的でしょう。

知り合いは多くてもいいのです。でも、最終的には親友にするかどうかをしっかりと吟味するべきです。

つき合う人は、やはり少ないほうが濃密な関係をつくることができます。

うまく逃げるコツ 37

あなたにとって有益な人だけで人脈をつくろう

38 人とつながる秘訣

相手に自分の印象を残す

人とつながることは、実は意外とシンプルです。

人とのつながりを遠ざけているのは、自分自身であることがほとんどです。

拒絶される恐怖からくる〝メンタルブロック〟と〝ネガティブな感情〟が、人とのつながりを遠ざけます。「人とつながることは難しいもの」、こういう思い込みがチャンスを逃すのです。

私は以前、ある大物メンターとの出会いを求めていました。あらゆる知り合いに当たったのですが、大物すぎて、そのメンターとつながっている人がいませんでした。そこで、私はそのメンターの出版記念講演会に参加しました。

私はその人に印象を残したいと思い、サイン会のときに列の一番後ろに並びました。数百人の最後尾です。

途中に並んでしまうと、後ろに人がいるので、メンターと話すことができません。だから、最後に並んで話ができる環境を自分自身でつくり出したのです。

サインをしてもらいながら3分ほど話ができましたし、サインが終わった後に、歩きながら再度3～5分話をすることができました。

私はそのとき、留学からの一時帰国中だったので、そこから関係を構築することはできませんでした。しかし、それから4年後。留学から帰ってきたときに、またセミナーに参加しました。

嬉しいことに、メンターは私のことを覚えてくれていたのです。その1年後、私が今の業界で頑張っていると、ランチをご一緒してもらえるようになりました。

どんな関係も恋愛と同じで、強い印象を残すことが大切です。プラスの印象が、良い人間関係を生みます。私の場合は、数百人の最後尾に並び、長い時間を待ち、話す時間をつくったことで印象を残したのです。

「待つ」。たったこれだけのことで、相手に自分の印象を残すことができます。工夫さえすれば、どんな人とも人間関係をつくることは可能なのです。

事前に相手のことを調べる

会うときに気をつけるべきことは、相手のことを調べておくということです。ネットで名前を検索する、Facebook や Instagram のプロフィールや投稿を読む、ブログを読む、著作を読むなど、事前に相手のことを知っておくべきです。

私は、自分のセミナーに、ある著名なアーティストの方をゲストに呼んだことがあります。お会いする前にはとても入念に情報を集めました。結成秘話といったそのアーティストの過去、歌詞の内容、ヒット作などを調べました。

セミナーが終わり、ディナーをしたときにそれらについて話をすると、「おぉ！」「そうそう！」「そうなんだよね」と、会話がスムーズに進みました。話が弾み、いろいろな話をしてくれました。その後も良い関係が続いています。

今は、検索でだいたいの情報は入手できます。ＳＮＳが発達し、情報が出てこない人のほうが珍しいほどです。

「こういうことをしていらっしゃいますよね」というように、会話のポイントを準備してください。また、発信している情報から、共通点や気になる点を探しておくのも効果的です。

うまく
逃げるコツ
38

漠然と会うのではなく他人と違う自分を見せる

39 会う前に相手に安心してもらう

嫌われる誘い方

「今度会ってもらえませんか？」

私のＳＮＳによく届くメッセージです。

会ったこともない人に誘われると、得体が知れないので、怖い思いをします。

共通の友人もいない、プロフィールもわからない。「あなたは誰ですか？」という人からお誘いのメッセージをいただくことがあります。

そういう人からのメッセージは、「目的はなんなのだろう。何か利用されそうだな……」と勘ぐってしまいます。

まったく知らない人からの誘いは、相手の詳細がわからないと会えません。

また、そういう人に限って、雑な扱いや軽い扱いをしてくることが多いです。コミュニケーションになんの工夫もないのです。

似たような誘いで、「会わせたい人がいます」というメッセージが届くこともあります。

これも、何か嫌な予感がして、連絡をとり合うことができません。言葉足らずなメッセージだと、その人とのコミュニケーションコストが倍増して、お互いに時間やエネルギーの無駄になってしまいます。

誰と会わせたいのか、目的は何なのか、などが不明なことが多いのです。

誘いのメッセージは、常に、「相手は何を明確にすれば会ってくれるだろう」と考えて送ってください。欲しい情報が伝わらなければ、人は会ってくれません。

受け入れられやすい誘い方

場所を融通してくれる、話の内容を明確にしてくれるなど、こちらの時間を尊重して、リスペクトしてくれる人には会ってもいいと感じます。

お茶の誘いであれば、仕事場の近くの○○ホテルのラウンジか、△△ホテルなどではいかがでしょうか？　という複数の選択肢を示すことも大切です。

ラウンジは、あまり騒がしくなく静かで、ほどよく広い場所を提供してあげよう、というような気遣いが相手に伝わります。

また、グダグダと要領を得ない話をすることは、相手にとっては苦痛です。だからと言って、聞きたいことだけ聞いて、なんのリアクションもなく去っていくような人も嫌われてしまいます。

こちらのリアクションが薄いと相手は、「なんで今日ここに来てしまったのだろう」と思ってしまうかもしれません。

相手を誘う場所は、美味しいミシュランの超高級店である必要はありません。また、話し上手である必要もありません。

しかし、最低限の気遣いがなければ、出会いは意味のないものになってしまいます。毎日奢っていたらお金が厳しくなってしまいますが、この人とつながりたいという人には、こちらがお金を出す、という気遣いも大事です。反対に、自分と同レベルで、一緒に成長していこうという人とは割り勘でもいいでしょう。

しかし、最低限、相手のリスクを減らしてあげるということは意識しておいてください。

うまく逃げるコツ 39

自分がされてイヤなことは相手にとってもイヤ

40 嫌な人間関係から逃げてきたことは自然の流れ

嫌な人間関係から「逃げる」ことで、1割の素晴らしい関係が残った

私は今まで、転校や引っ越しをして、人間関係から逃げざるを得ない状況をつくってきました。極端な方法ではありますが、これは意志の力に頼らずに、人間関係を新しく構築することにつながります。

中学、高校といじめがきっかけで転校を何度も経験しましたが、今考えると良かったと思っています。嫌な人とは、二度と会わなくても生きていけるのだ、という発見もありました。

留学もしました。これによって人間関係は一新されました。それまでの友だちは日本にいるから当然です。

帰国後に住んだのは、地元の大阪ではなく東京でした。起業するために帰ってきたようなものでしたので、つき合う人も今までとはまったく違いました。

初めは知り合いの家に居候していましたが、まもなく白金の高級マンションに無理やり引っ越しました。


当時の貯金をすべて使い、ずいぶん背伸びしましたが、そこに住む人たちの日常に触れることで、私の考え方も大きく変わっていったのです。

引っ越しをするに従って、周りにいる人が変わっていき、成長していきました。

その後、数度の引っ越しを経て、今では日本のほか、バリ島や世界各地に〝デジタルノマド〟として拠点を構えています。

今では、世界のトップレベルの経営者たちと関係ができ、さらなる成長のために前進しています。私は、人間関係から逃げながら、新しい人間関係をつくることで、今の理想の人生を歩んでいます。

〝逃げてきた〟と言うと、ネガティブに聞こえるかもしれませんが、私自身は自然の流れだったと感じています。体の新陳代謝と同じです。

私にできたことがあなたにできないはずはありません。

ぜひ、新しい人生を一歩踏み出してみてください。

新しいことに挑戦して古い関係が切れた

最後に、私がどのように変わっていったのかをお話ししておきます。

留学から日本に帰ってきたとき、私にはビジネスの経験も、知名度も、スキルもありませんでした。

まずは、自分の理想の姿のサンプルとなる人を探さなければならない。そう考え、多くのセミナーに参加しました。

そうしていくうちに、出会う人のレベルが一気に上がっていきました。そういうつながりから、一緒にビジネスをすることもでき、セールスや経営のアドバイスをもらうようになりました。

実は私の中では、これらは古い人間関係から逃げるというよりも、新しいことに挑戦している人とつき合うようになり、自然と昔の知り合いとの関係が希薄になっていった、というような感覚でした。

そうして人間関係が変わっていき、2007年に起業してからは、おかげさまで右肩上がりで、年商がどんどん伸びていきました。

初めは1人でやっていた仕事も、3人、4人、5人と一緒に仕事をする仲間が増えていきました。

一緒に仕事ができるメンバーが増えていることに、喜びを感じています。

これは、新しいことにチャレンジしている人や、そのときそのときで活躍している人とつき合うようになったからです。

価値観の合わない人、成長意欲のない人との関係が遠ざかっていくことで、私は現在の満足のいく人生を歩めるようになりました。

そして、重要なポイントとして、自分がトップにならない環境に身を置くことも意識していました。私より活躍している人と触れ合えるコミュニティに必ず入るようにしていました。

自分が王様でいられるような場所にいたら、人間の成長は止まります。

一緒に成長できる人、自分よりももっと高いステージにいる人と接することで、人生は良い方向へ激変していくのです。

うまく逃げるコツ 40

現状に満足して自分が王様になってはいけない

41 空気を読むことにこだわらなくてもいい

自分を取り戻せたアメリカ生活

私は、中学、高校といじめを経験し、転校を繰り返す人生を送りました。

高校を卒業すると、大学在学中に日本から逃げるようにアメリカに留学をすることにしました。固定された人間関係から逃れるためです。

アメリカに留学することで、私には良い影響がありました。まったく新しい人間関係をつくることができ、充実した日々を過ごすことができたのです。

私がアメリカに行って初めに驚いたのが、周りの人々が基本的に明るい人ばかりで、社交的であったということです。

日本にいた頃は、空気を読みながらコミュニケーションをとるのが普通でしたので、良い意味でショックを受けました。

日本では、相手が疲れていて元気がない場合、自分が明るくコミュニケーションをとろうと試みても、嫌がられていたからです。

アメリカでは、そういった空気を読むというような、精神的負担がなかったのです。この感覚を味わうことができて、私はとても救われました。

アメリカに行って、新しい人々との関係ができましたが、驚いたことに私自身の性格も変わっていきました。性格が変わったというより、本来の自分が表に出てきたのです。

日本にいた頃よりも、性格が明るくなりましたし、社交的になりました。前向きになり、たいていはポジティブな感情でいられるようになったのです。

自分はこういう人間だったのかと気づき、嬉しくなったのを覚えています。

「今の自分のままでいいのだ」

ありのままの自分を受け入れてくれる人が周りにいると、こう思えるようになり、人とコミュニケーションをとることに臆することもなくなりました。

他人に遠慮しすぎなくてもいい

他人に遠慮して、ストレスを溜め込んでいれば、心を消耗して、人間関係がうまくいかなくなるのは当然です。

そして、これは私自身が経験したことなので断言できますが、人間関係を変えていけば、遠慮などしなくていい仲間ができることに気づけます。

空気や相手の気持ちを読んだり、相手に遠慮してしまうことはよくあります。

遠慮しなくていい人、自分を出しても受け入れてくれる人、そういった気が置けない仲間ができると、本来の性格が前面に押し出され、そのキャラクターが定着するのです。

自分を変えたいのなら（本来の自分を取り戻したいのなら）、努力をいろいろするよりも、人間関係を変えてしまったほうが早いのです。

何も日本式の人間関係を否定しているわけではありません。その証拠に私は、今では日本でも世界でも、とても満足できる人間関係をつくれています。かけがえのない仲間がいるのです。

人間関係に疲れているのなら、一度私のように今所属する集団から離れ、新しいコミュニティに飛び込んでみてください。

そうすると、本来の自分が蘇り、その後の人間関係にも良い影響が出ます。

うまく
逃げるコツ
41

周りの空気に左右されずに人間関係をつくる

42 1割の人間関係は共に成長できる戦友に絞る

戦友になることが、人間関係を強固にするチャンス

人間関係というのは、だんだんと濃くなっていくものです。そして、この人とは関係がしっかりでき上がったと判断できる瞬間があります。

それは、一緒に仕事をすることにしたときです。

つまり、戦友になったのなら、人間関係は強固になっている証しです。良い意味で一線を越えたと言えるでしょう。

「今度新しいプロジェクトを立ち上げようと思っているのですが、一緒にやりませんか?」

こういうお誘いがあったときが、一線を越えるときです。利害関係が生まれる瞬間とも言っていいでしょう。

たしかにリスクがあり、不審に思う人もいるでしょうが、こういった話に乗ることは、人間関係が濃くなるチャンスだと私は考えています。

私は誘われたとき、相手との信頼関係が十分で、相手を数年以上にわたり知っている、また信頼できる共通の友人が複数名いるならば、なるべくやってみることにしています。

もちろん、仕事やビジネスはお金の問題が絡みますから、失敗しないかどうかは自分で判断しなければなりません。相手がしっかりした人である必要もあります。

相手が自分と同じリスクを負うのかどうかも大切です。何よりその人となら、たとえその仕事が失敗したとしても、信頼関係が崩れずに、一緒にその失敗から学んで成長できる関係かどうかが大事です。

絆を生む5秒ルール

私は、昔は初対面の人に話しかけるのがすごく苦手だったのですが、なんとか克服したいなと思っていました。そのときに、**「人間関係の5秒ルール」**というものを自分の中に設定しました。

あれこれ考えすぎない。

セミナーや何かの食事会などでこの人と仲良くなりたいなと思ったとき、その人を見かけたら5秒以内に笑顔で話しかける。こういうルールです。

これには、コツがあります。

「絶対に拒絶されないことを言う」ということです。

たとえば、「今回このセミナーに参加する井口です」「隣の席に座ってもいいですか？」「もしよかったら、名刺交換させていただけませんか？」といった、拒絶される可能性が低い簡単なことを伝えるのです。

「あなたの名前など興味がありません」という人に出会ったことはありませんし、空いている席に「座っていいですか?」と聞いて、断られたこともありません。

もちろん、名刺を受け取ってくれなかった人もいません。

5秒ルールを自分の中に持つことで、話すきっかけをつくる。そして、5秒ルールを繰り返し、コミュニケーションを積み重ねていく。特に笑顔を意識したり、初めて話すときや大事な話をするときは相手の目を見たりするなど、相手を尊敬し、丁寧に接することで信頼関係、そして長期的な絆は生まれていきます。

ちょっとしたことで、人間関係は築かれ、そして絆が生まれるものなのです。

人間性を重視しよう

私は、人間関係では特に〝人間性〟を重視します。結局、人がすべての根本にいるわけですから、人を見る目を養う必要があります。

「この人と一緒にビジネスの世界で戦っていけるか?」、長期的な人間関係が築けるかを判断するべきです。

それでは、その人が信頼できる人かどうかは、どのように判断すればいいのでしょうか。

それは、その人の人間性です。

誠実かどうか。嘘をつかないか。約束を守るか。大事なところでトラブルを起こさないか。私はこういう部分を見るようにしています。

絶対に信用してはいけない人もいます。

それは、関係もできていないのに、すぐに営業してくる人です。

出会ってまもなく、頼んでもいないのに、聞いてもいないのに、ものやサービスを売り込んでくる人は信用してはいけません。

出会って時間が経っていないのに、信頼関係ができていないのに、勧誘してくる人は要注意です。そのような人とつき合うと、後々問題が発生することが多いので、少し距離をとってみてください。

人間関係の究極の秘訣「愛と尊敬を持って接する」

私は、人間関係において究極的には「愛」と「尊敬」が一番大事だと思っています。これは、夫婦や恋人同士の愛情だけでなく、自分が接する人すべてに、愛情や尊敬の念を持って接するということです。

もし苦手な人がいたら、「この人にもお父さんとお母さんがいて、ご両親から愛情を受けて育ったんだな」と、その人のご両親を想像してみるといいです。

そうすると、自然とその人にも少しずつ愛情や尊敬の念を持てるようになったり、苦手な部分も受け入れられたり、逆に良い部分もどんどん発見できるようになったりするはずです。

「愛と尊敬を持って接する」

本書で、いろいろな人間関係においてのつき合い方などをお話ししてきましたが、これに勝る秘訣は存在しません。

相手に愛と尊敬の念を持って接しているうちに、相手への言葉がけ、相手への接し方、相手が喜ぶことは何かなどが自然に思い浮かぶようになってくるはずです。

ぜひ試してみてください。

うまく逃げるコツ 42

出会う人には「愛と尊敬」を持って接しよう

おわりに

本文中でも書かせていただきましたが、私は昔から人間関係があまり得意ではなく、加えてハイパーセンシティブパーソン（HSP）です。

すべてのことに、ちょっと敏感になりすぎてしまいます。

他人から言われたちょっとした一言を気にしすぎてしまったり、出会ったすべての人に好かれなきゃ、と肩の力が入りすぎて失敗してしまったり……。

「やっぱり自分は人間関係に向いてないのかな……」と自信を失った回数は数え切れません。

私は作家として執筆をはじめて11年、これまでに国内外で10冊あまりの本を出版させていただきましたが、今回、初めて「人間関係」に関する本を執筆しました。

執筆するにあたって、「一人でも多くの人間関係に悩んでいる人の力になりたい」と書き始めたのですが、自分の今までの経験や失敗、多くの人から学んだことを少しでも伝えたいという気持ちから、少し力みすぎ、なかなか書けずに悩んでいたのも事実です。

そんな状況で、これまでの自分を思い返したとき、「人間関係は全員とつき合うより、嫌な9割の人間関係からは逃げてもいいんだ！」ということに、ハッと気づきました。

「自分を大事にすることで、自分を大事にする人とよりつき合えるようになり、さらに相手も大事にできるようになっていく」

このことを知っておけば、これから先の人生は、嫌な人間関係に悩むこともなくなり、きっと素敵な方々に囲まれるようになるはずです。

本書も、たくさんの素晴らしい方々と一緒につくり上げることができました。

今回で2作目のお仕事を一緒にさせていただいた、すばる舎の上江洲安成編集長のいつも暖かい言葉やメッセージで、何度も大変な場面を救われました。心から感謝しています、ありがとうございます。

アシスタントの三宅さんも、素晴らしい編集をしていただき、本書をさらに読みやすく、ブラッシュアップしていただきました。本当にありがとうございます。

さらには、執筆協力をしていただいた森下さん、いつも長い文章をまとめていただき、より読者の方へ伝わりやすく編集をしていただき、本当に感謝しています。

また、株式会社ヒューマンプラスのメンバーや、一緒に仕事をしてくれるメンバー、ビジネスパートナーの方々にいつも支えていただき、心から感謝しています。

私個人や、弊社が主催するセミナーに参加してくれる素敵な方々からの応援のおかげで、本書が誕生しました。

皆さんには、逆にいつも教えられることばかりです。本当に出逢えてよかったです。

そして、この本を手に取って読んでいただいたあなたへ。

『人間関係の9割は逃げていい。』という少し刺激の強いタイトルだったかもしれませんが、手に取って最後まで読んでいただき、ありがとうございます。

少しでも人間関係で悩まなくなってもらうために、一生懸命書きました。

ぜひ今後の人生で、最高の人間関係を手に入れて、さらに素晴らしい未来を生きていただけるように、心からあなたの幸せを祈っています。

清々しい春の陽気を感じながら、東京ミッドタウンのテラスより。

井口　晃

主な参考文献・資料

・『Marisol』（２０１９年3月9日）
https://marisol.hpplus.jp/article/33860/01/　25P

・『TECK ＋』（２０２２年10月27日）
https://news.mynavi.jp/techplus/article/20221027-2496022/　26P

・『HRBrain』（２０２１年9月9日）
https://www.hrbrain.jp/media/human-resources-management/cause-of-turnover　26P

・『国立研究開発法人　国立精神・神経医療研究センター』（NCNP ２０１５年12月10日プレスリリース）
https://www.ncnp.go.jp/press/press_release151210.html　46P

・『GIVE&TAKE「与えられる人」こそ成功する時代』
（アダム・グラント著／楠木 建監修 三笠書房）　146P

「やりたくないことはやらなくていい！」
多くの人の悩みを救ったベストセラー本

人生の９割は逃げていい。

第１章　逃げ続ければ人生は変わる
第２章　なぜ、逃げたほうがうまくいくのか？
第３章　今すぐ逃げるべき仕事のこと
第４章　今すぐ逃げるべき人間関係のこと
第５章　今すぐ逃げるべきお金のこと
第６章　今すぐ逃げるべき自分のこと

6万部突破の
ベストセラー！

井口晃・著
定価：1,540円（本体価格＋税）
ISBN：978-4-7991-0345-6

仕事、人間関係、お金、ライフスタイルなど
理想の毎日を手に入れる35の方法

井口 晃（いぐち・あきら）

株式会社ヒューマンプラスCEO/グローバルスピーカー。

東京都世田谷区生まれ。ニューヨーク市立大学でビジネスを学んだ後、世界的スピーカー・作家になるビジョンを得て帰国し、友人の家に居候しながら起業。「好きなことを仕事にする」「ハイパフォーマンス」「予防医学」をテーマにした「人生の変え方」を伝えるグローバルスピーカーとして、近年は日本だけでなく、世界各地で登壇し、多くの人から圧倒的な支持を得ており、講演の累積動員数は延べ30万人にのぼる。

また、心理的なアプローチで人の人生に変化を生み出すだけでなく、健康の悩みや人間関係の悩みも解決を目指す「魂の解放」を目的としている唯一無二のスピーカー。

世界最先端のライフハック情報を収集し、自らの人生を実験台として実践しながら脳と肉体をアップグレードさせる日本有数の「バイオハッカー」としても知られる。

『ホンマでっか!?TV』（フジテレビ）など、人気テレビ番組からの出演オファーが殺到。

人生やビジネスに関する最先端の情報を発信するYouTubeチャンネル「ハイパフォーマーとして自由に働こう!」は登録者数約1万人、Facebookフォロワー2.1万人などSNS総フォロワー数は18.4万人（2023年4月現在）。

主な著書に、6万部突破のベストセラー『人生の9割は逃げていい。』（すばる舎）、『バイオハック』（SBクリエイティブ）、『最短で結果が出る「超・学習法」ベスト50』（きずな出版）、『Lifestyle Millionaire』（Morgan James）などがある。


人間関係の9割は逃げていい。

2023年6月14日　第1刷発行

著　者　井口 晃
発行者　徳留 慶太郎
発行所　株式会社すばる舎
〒170-0013 東京都豊島区東池袋3-9-7 東池袋織本ビル
TEL　03-3981-8651（代表）　03-3981-0767（営業部直通）
FAX　03-3981-8638
https://www.subarusya.jp/

印刷所　株式会社シナノパブリッシングプレス

落丁・乱丁本はお取り替えいたします

ISBN978-4-7991-1129-1